让你受益一生的成功必读指导

砍掉成本中的
魔鬼细节

陈 瑶◎编著

煤炭工业出版社

·北 京·

图书在版编目（CIP）数据

砍掉成本中的魔鬼细节／陈瑶编著．－－北京：煤炭工业出版社，2018

ISBN 978－7－5020－6620－8

Ⅰ．①砍… Ⅱ．①陈… Ⅲ．①企业管理—成本管理 Ⅳ．①F275.3

中国版本图书馆 CIP 数据核字（2018）第 092873 号

砍掉成本中的魔鬼细节

编　　著	陈　瑶	
责任编辑	马明仁	
封面设计	盛世博悦	

出版发行　煤炭工业出版社（北京市朝阳区芍药居 35 号　100029）

电　　话　010－84657898（总编室）　010－84657880（读者服务部）

网　　址　www.cciph.com.cn

印　　刷　北京德富泰印务有限公司

经　　销　全国新华书店

开　　本　880mm×1230mm$^1/_{32}$　印张　$7^1/_2$　字数　190 千字

版　　次　2018 年 10 月第 1 版　2018 年 10 月第 1 次印刷

社内编号　20180326　　　　　　　定价　49.50 元

前　言

　　环保日益收紧，原材料涨价，房地产价格居高不下，劳动力成本大幅上扬……近年来，一个又一个的巨浪向我国的企业袭来。企业家们就像风口浪尖上的弄潮儿，接二连三地面临着生与死、成与败的考验。

　　企业要想经得住这场考验，就必须左手开源，右手节流。纵观全球，几乎所有的知名企业都在降低成本，"成本"再次成为一个风口浪尖上的话题。

　　省钱就是赚钱，这是一个很简单的道理：在市场价格既定的前提下，产品成本越低，企业的利润就越高。除此以外，通过降低成本，可以让你手里的现金流更为宽裕，让企业在运营时不至于"一分钱逼死英雄汉"。因此，美国管理大师彼得·德鲁克在《新现实》一书中有一句非常精辟的话，"在企业内部，只有成本。"管理大师戴明也指出："不断降低成本是企业管理创新的永恒主题。"

　　无数只眼睛紧盯着成本磨刀霍霍。但是，且慢！该从哪里下刀？力道多少？……才不会在砍去成本的同时伤害了自己？

　　《砍掉成本中的魔鬼细节》一书，将和你一起探讨砍去成本中"魔鬼"细节的"刀法"。这套"刀法"或许不美观，但是很实用、很实在，可谓立竿见影、绝不落空。

　　自改革开放以来，中国的企业经历了太多的风风雨雨，有宏观经济政策的影响，有行业景气程度的冷热交替，还有外资企业的挑战。而最后的成功者，一定是最善于把握机会、最擅长趋利避害、最擅长控制分寸的那群人。今天，面临市场经济竞争激烈的大环境，对弱者来说是一场谢幕的悲剧，对强者来说却是一个脱颖而出的良机。

　　每一波潮汐，都是大自然有形的呼吸。可是，在这潮起潮落之间，或许就孕育了一场生命的大躁动，完成一次历史的大跨越。紧紧握住砍去成本的"刀"，抛弃花哨的"武功"，你就是那个傲立潮头的健儿!

目 录 Contents

第一章 战略到位，减少浪费

一提到成本控制，许多管理者第一反应就是从员工下手。因为员工为数众多，一个人节约一分钱对企业来说也是一笔可观的利润。但是，员工作为执行者，如果管理者的战略失误，企业的发展方向错误，这样的成本是最大的，远不是员工节约就可以弥补的。战略不到位对企业造成的浪费才是最大的成本。

企业可持续的根本是控制战略成本

众所周知，黄酒作为江浙沪的地方传统酒种，具有悠久的历史和独特的文化。许多人知道黄酒是从著名的神话传奇《白蛇传》中流传而来，白蛇因为喝了雄黄酒而原形毕露。但是，对于黄酒在生活中的功用人们知之甚少，至于在宴席场合使用更是没有得到普及。

2003年，黄酒在当地龙头企业及地方政府的引领下，开始集体走出"江浙沪"，行销全中国的路程。之后，黄酒龙头企业——古越龙山开始在中央电视台投放近亿元的电视广告，尔后，众多黄酒企业迅速群起跟之。观望中的代理商，在央视广告宣传、政府和龙头企业号召下，纷纷加入黄酒销售大军。

殊不知，黄酒文化走出江浙沪等少数南方沿海省份就失去了土壤。短期的广告式文化恶补，并无法改变大多数非黄酒产区人民的消费习惯。最终只是实现了仓库的转移，把货卖给了经销商而已。而经销商也是"消化不良"，直到2007年还在卖2005年的货或者退2005年的货。

　　黄酒走向外埠市场就是明显的战略失误。首先是战略定位的失误。因为在江浙沪，黄酒是寻常百姓喝的酒，这个事实早成定局。但是，黄酒在开拓市场中宣称自己是"琼浆玉液"，谁能相信？尽管传说中或者历史上也确有皇帝之类的人物喝黄酒的典故，但是目前黄酒已进入寻常百姓家，却突然间升级换代定位为奢侈品，人们没有任何心理转变，显然行不通。因此，尽管黄酒的策划方投入了大量的资金，但是战略的失误导致赔钱赚吆喝，支出与收入不成比例。

　　作为管理者，降低成本是他的头等大事。管理者作为战略的制定者，如果失误带给企业的将是无法估量的损失。所以，制定正确的战略，不论在任何年代都是管理层最需要关注的。

　　战略可以决定企业的生死和发展进步。战略就是企业发展的方向，是企业根据环境的变化，本身的经营状况和实力选择适合的经营领域和产品，形成自己的核心竞争力，并通过差异化为企业创造更多的经济效益。战略成本控制是企业可持续发展的根本。

　　1992年，美国零售业的巨头西尔斯已经到了岌岌可危的境地，公司亏损累计高达39亿美元。然而，仅仅5年的时间，公司在首席执行官马丁·艾兹的变革决策指导下，跻身于全球500强公司的前列。

　　马丁的做法就是，把西尔斯的顾客定位于美国中年母亲。他对公司形象的广告要求是强调"西尔斯更为柔和的一面"，其商店陈列也与公司形象推销相辅相成，到处摆放着与美国中年母亲相关的产品。

马丁的决策大获成功，营业收入和利润直线上升。1996年，公司的收入为382亿美元，利润高达213亿美元。

战略成本管理是通过战略性成本信息的提供与分析利用，以促进企业竞争优势的形成和成本持续降低环境的建立，是当代企业成本管理发展的必然趋势。

因为战略的成功，海尔在国内市场成功的同时率先迈出了开拓国外市场的第一步。联想在成功收购IBM个人电脑的PC业务后的第一季度，营业额高达196亿元。相反，因为战略的失败，一些成功的企业故步自封，只满足于在自己的家门口丰衣足食，逐渐被市场所抛弃。

战略成本管理是将企业战略与成本管理结合起来，从战略高度对企业成本结果与成本行为进行全面了解、控制和改善，进而寻求企业长期竞争优势的一种成本管理手段。

近些年来，一些企业之所以能够从竞争激烈的市场丛林中异军突起，其重要原因就是这些企业制定了适合自己发展的战略。这些高层管理者既没有盲目跟风也没有凭大肆炒作，只赚"眼球"不赚利润，也没有只玩空手道，凭融资套现想一夜暴富，而是在了解自身优势，了解哪些项目最具市场竞争力的情况下稳扎稳打，做强做大。相比那些拆东墙补西墙的企业来说，他们发展得顺风顺水。这些无疑最低限度地降低了运营成本。因此，战略成本控制是企业可持续发展的根本。

传统成本管理的5个缺陷

目前，多数企业已越来越重视成本的控制，不少企业采用经济责任制，把成本指标分解落实到车间、科室、班组和个人；有些企业还设立了厂内银行，加强各部门、各环节的经济核算，促进成本的降低及费用的节约；批量的生产和销售，提高质量，实时管理和信息化，降低工资等，这些都是压缩成本的一种方法。但是，这些都是传统的成本管理思想，无法适应现代企业的发展。

传统的成本管理通常是通过控制企业成本的技术与技巧来实现，那样只是体现在具体执行环节，必定会降低产品和服务的品质。

传统成本管理的缺陷主要表现在以下4方面。

1. 只关注生产消耗

传统成本管理只关注企业内部生产经营活动的价值耗费，通常是从材料采购开始控制，重点放在产品的制造环节，随着产品销售的完成，成本控制也就告一段落。这是计划经济时期坐等客户上门的成本控制方式。

在市场经济年代，任何公司都需要开拓市场，其中的市场调研费、广告费、宣传公关费等都是一笔不小的开支。因此，原先传统的成本控制方式明显不适应时代的发展。

2. 只关注企业内部消耗

传统成本管理只是在企业内部进行，很少关注或分析、研究企业外部的环境。比如，供应商和代理商、销售商之间的变化，引起企业的市场开拓费用增加或者降低等。这种封闭的成本管理模式没有从行业价值链的角度出发，寻求降低成本的途径，结果失去了同上游供应商开展战略合作的机会；以产品售出作为成本管理的终端，失去了同下游代理商进行战略合作的机会。结果只会增加自己下次生产过程中成本的投入。

3. 没有发现企业的竞争优势

传统成本管理目光过多地集中于为降低成本而降低成本，没有很好地将成本管理与产品的竞争优势、与企业的竞争优势联系起来，到处都是声嘶力竭地在低价格上较劲，甚至不惜血本地"跳楼甩卖"，就是没有揭示自己的产品同竞争对手的相比有什么竞争优势，自己的企业吸引人的价值点在哪里？结果很可能使企业丧失良好的发展机遇，影响竞争力的形成。

在中国企业大败局中，我们都可以看到企业和企业家沉重的背影，甚至听到他们在面对恶性的价格战时发出的那一声无奈的叹息。

4. 没有全面地揭示出企业成本的真正构成

传统的成本管理只重视明显的成本因素，如材料费、人工费、制造费用和管理费用等，没有全面地揭示出企业成本的全部构成。而且就企业的软实力方面来说，人员的内部结构的调整、企业文化的建设、员工培训等也是一些成本。因此，依靠传统成本管理系统提供的成本信息已经不能帮助管理者有效地进行战略决策。

5. 不能调动员工的生产积极性

传统成本管理只是站在省钱、节俭的角度控制成本或者缩减成本，表现在管理手段就是少用材料，缩减工序等，其结果只能是生产劣质产品。这种对生产经营活动的规范和约束，不能充分调动员工的生产积极性。

总体而言，我国企业基本上还停留在传统成本管理阶段，这种基于单一会计信息，只着眼于企业内部，特别是生产过程片面追求成本节约的成本管理模式，基本上局限于战术成本管理的范畴，很少涉及战略意义上的成本管理，已经越来越不适应急剧变化着的新环境。为此，我们必须对企业现行的成本管理方法进行改革，树立新的成本管理理念，建立新的成本管理模式。

战略成本管理就是一种适应时代发展的全新的成本管理模式。在企业生存发展变得越来越困难的形势下，为了应对险恶复杂的竞争局势，20世纪90年代以来企业掀起了"战略管理热"，企业战略管理客观上要求企业成本管理应在战略的基础上展开。据研究，企业在生产开始之前，产品中就已有85%的成本因战略性动因而成为约束成本，而传统成本管理能产生影响的部分，仅占总成本的15%。

战略成本是迈克尔·波特提出的缔造企业竞争优势的战略选择之一。战略成本管理的终极目标是提高收益水平，提高成本效率，而非降低成本，它为企业提升竞争优势提供了一种可能。选择成本优势战略，意味着企业必须高效运作，在满足消费者需求的前提下，以最低的成本占领市场，获得利益。

战略成本管理是在开放型、竞争型的市场环境中，从战略高度对企业及其关联单位的成本行为和成本结构进行分析，为战略管理提供适用的成本信息，促进成本持续降低和成本效益提高。战略成本管理是适应战略管理需要而产生的。近年来，在美、英、日等国家的企业管理实践中，战略成本管理已经成为企业加强成本管理，取得竞争优势的有力武器。我国企业在长期的企业管理实践中，对成本管理方法的科学性和有效性进行了有益的探索。

战略成本管理从本质上讲是一种前瞻性管理，突出表现在以下几个方面。

1. 立足于战略目标，关注战略规划

现代企业成本管理的宗旨，是为了取得长期持久的竞争优势，以使企业长期生产和发展，因此，战略成本管理的高度从日常生产经营管理的层次跨越到战略管理层次，超越了一个会计期间的界限，立足于长远的战略目标。一方面帮助企业确立竞争战略；另一方面设计与企业竞争战略相配合的战略规划和成本管理制度。比如，规定企业在不同阶段实现成本目标的手段、投入资源、进程阶段、实施组织、预期效果等项目的具体规划，为获取最佳经济效益奠定基础。

2. 关注决策成本

传统的成本控制过多关注员工，而战略成本管理的重点不在于战略的实施，而在于战略的决策。与传统成本管理事后核算管理相比，它更面向于未来发展的全局性谋划和决策，特别是重视和加强对管理决策成本范畴的研究，保证企业做出最优决策，防止管理者个人单纯的"拍脑袋"决策失误给企业带来的巨大损失。

另外，战略成本管理也注重信息的应用，充分发挥成本信息的作用使其满足决策者对成本信息的需求。

3. 关注企业外部

传统成本管理忽视对企业成本外部环境的分析，而对处在激烈竞争环境中的企业来讲，要保持竞争优势和取得竞争中的有利地位，必须了解影响企业发展的外部环境的变化。

战略成本管理不只是单纯地关注企业的内部耗费活动而是延伸到企业外部，特别重视对影响企业的政治与法律环境、经济环境、社会文化环境、技术环境的分析以及竞争对手和合作伙伴的成本情况。既要知道上游供应商情况，又要清楚下游客户与经销商的情况，并协调好与他们的关系；既关注企业内部的价值链，也研究整个行业的价值链，从价值链上共赢分解成本等。

4. 凸显企业的价值

战略成本管理不但对竞争对手的基本状况进行分析与研究，清楚企业的竞争优势，而且从产品的生产制造向资本转移，通过兼并重组、剥离不良资产等，挖掘企业内部价值，追求规模效应，进而上市融资让资本在经济舞台上唱重头戏。

5. 关注全部成本

战略成本管理不再局限于产品的生产（制造）过程中产生的成本，而是以企业的全局为对象，向前延伸到产品的市场需求分析成本、相关技术的发展态势分析成本，以及产品设计成本，向后延伸到库存成本、销售成本、顾客的使用、维修及投诉处理等成本，按照成本全过程管理。并且对所有这些成本内容都利用严格、细致的科学手段进行管理。全面考虑各种潜在机会，分析各种机会成本，实施综合统筹管理。

6. 战略成本管理着眼于调动员工积极性

战略成本管理的方法和手段都在不断创新，相比传统成本管理方式，充分调动员工的积极性，更加注重创新生产替代品等降低成本。

总之，战略成本管理与传统成本控制明显不同的是，把企业成本管理纳入整个市场环境中予以全面考察，不只是控制成本、缩减成本，而是根据企业自身的特点确定和实施正确、适当的管理战略，进而主动、积极地分解成本、消化成本甚至跨越成本。

战略成本管理模式是企业进行成本费用管理活动总体的指导思想，是企业如何取得成本优势的原则和方法的理论思考。尽管企业在不同时期，由于要实现和维持竞争优势，所采取的成本管理目标、方法和手段有所不同，但从企业的整个生命周期来看，战略成本的目标定位是追求成本的持续降低，通过战略的制定与实施形成企业的竞争优势，创造企业的核心竞争力，最终实现预定的企业战略目标。

科学的决策是成本控制的基础

环顾我们的周围，大大小小的决策失误不时出现：今年修的路明年就扒开、无法投入使用的巨大工厂、被泥沙堵塞的大型水库、空荡荡的巨型飞机场、被遗弃的奢华的烂尾楼、亏损严重的生产线等，这些都是决策失误的产物。

任何一项企业决策，都关联着企业人、财、物等各种资源的投入，错误、盲目的决策，会对企业造成无法弥补的损失和浪费，甚至直接影响到企业的生死存亡。

对于企业来说，许多决策是不计成本的，是"拍脑袋、拍胸脯、拍屁股"的产物。

·拍脑袋

上什么项目、投资多少，只要管理者头脑一热，拍拍脑袋就想出来了。这类决策通常被称为"拍脑袋决策"。

·拍胸脯

拍了脑袋之后，面对质疑和不同意见，定项目的管理者通常的办法是拍着胸口保证：出了事我负责。

·拍屁股

在决策失误后，这些决策者通常是拍屁股走人，另谋高就。

这种"一言三拍"决策最后的结果通常是交了一笔很大的学费。民主决策、科学决策都成为停留在纸面上的话。

投资决策正确与否直接影响企业未来的发展方向和规模，并对经营发生持续性影响，决策失误轻则导致企业陷入困境，重则破产倒闭。在美国，宝丽莱（Polaroid）公司50多年来是很受人们欢迎的公司。可是，2001年10月，设在美国马萨诸塞州的宝丽莱公司总部向美国破产法庭递交了破产保护申请。宝丽莱是怎样从辉煌走向破产的呢？主要的原因就在于决策的多次失误。

近年来，国内外企业的兴衰表明，决策的正确可以帮助企业成为行业的龙头，决策失误则是企业最大的浪费，其经济损失更是无法挽回的。特别是事关国计民生的大型、巨型项目不当，会造成巨大的社会资源浪费。比如，绵阳机场于2001年竣工通航，当年就亏损3800多万元。机场虽然竣工已有两年多，但还有1亿多元工程款没付清。据审计部门审计调查，绵阳机场目前未发挥或未完全发挥投资效益的资产高达2.2亿多元。湖北冶钢集团1991年开工建设，1994年投产，总投资达7.8亿元的170毫米无缝钢管厂，投产四年不仅未赚一分钱，反而亏损4.3亿元。集团公司董事长总结经验教训时称，市场预测不准、决策严重失误是这一项目失败的根本原因。

这一串串令人遗憾的数字说明了什么？决策失误就是最大的浪费！

国家要建设节约型国家，企业要建设节约型企业。建设资源节约型、环境友好型社会，成为当代中国人改善生活质量、提高竞争能力、造福子孙后代的必然选择。要建立节约型企业首先应从科学的决策开始。决策科学就能以最小的投入获得最大的产出，这便是对企业最大的节约。

要建设节约型企业就必须从防止决策失误开始，企业领导人的每一项决策都关系着企业成本。

从企业内部来说，企业成本控制的主体是管理者。真正具有选择和消耗资源权力的是各级领导。虽然财务制度规定财会部门对不合理的开支有一定的审核拒付的权力，但是实际上财会人员只有审核手续是否齐全，内容是否符合制度规定的职权。因此，战略成本管理的关键在于领导人的成本管理素质。

美国学者彼·马文曾经向一些企业的高层管理者提出：你每天在哪些方面花的时间最多？结果90％以上的回答都是决策。因此，让领导在决策时就树立起成本意识，进行科学决策才是节约成本的关键。那么，怎样才能帮助这些管理者们做出科学和正确的决策呢？

企业在进行决策的过程中，要遵循一些决策原则，遵循这些原则就可以减少或者降低因为决策失误造成的成本损失。

1. 具备高度的责任心

成本意识既不是成本知识，也不是成功控制的方法，而是从管理者目标出发的高度责任感。

有些企业成本费用控制得不好，以为是缺乏成本费用知识，不懂成本控制，其实是缺乏必要的事业心和责任感。责任感是一个合格的管理者应具备的基本素质，有了强烈的责任感才能有强烈的成本意识。

企业决策就像打仗一样，指挥官每临大战时都会运筹帷幄，就是为了最大限度地减少人员伤亡。同样，企业管理者在做决策时也需要运筹帷幄。因为决策不仅涉及企业的生存发展，也涉及员工的利益。因此，不论你是老板还是职业经理人，都需要有一颗负责的心，为企业负责、为股东负责、为员工负责，以最少的人力、财力、物力等其他资源的成本，获得最大限度的产出。

2. 树立起决策成本意识

如果管理者缺乏成本意识，他在生产经营管理过程中，就会很少考虑成本费用，也不可能主动地承担成本责任，更谈不上采取有效的成本改进措施。因此，提高管理者的成本意识，让管理者对成本的重要性深刻地认识和理解，是决定企业成本控制成效的关键所在。

成本意识表现为一种思维习惯，即能够将生产经营活动与成本费用、收益进行挂钩考虑的习惯，用尽可能少的成本费用，实现较高的收益。首先要明确决策要达到什么目标，决策目标是决策的出发点和归结点。

例如，某产品发生亏损，为合理安排生产，要不要停产？停产后对企业利润有什么影响？工厂某些零件原系手工操作，改为机器操作是否能降低成本？

3. 提升决策能力

成本意识表现为一种能力，即能够较准确地判断成本效率的能力。要能够做到准确地判断成本与收益的比率，就要求管理者必须做到心中有数，对每一项经营活动中的成本大小和收益多少有清晰的了解，并迅速地判断出哪些事情值得干、哪些事情不能做，务必使现有的人力、物力和财力的资源都能得到最合理、最充分的利用。

凡是成功的企业，决策前的咨询成本都是其整体投入成本中不可缺少的一项重要内容，因为他们知道：相比于动辄几百万甚至几千万的投入成本以及不可估量的市场机会成本，区区几万元的咨询费是最有价值的成本投入！

4. 拟定可行性方案

一个成熟的决策在执行之前，还应对预测信息进行充分设想和分析，拟定可行性方案。特别是重大决策的制定，必须经过深入、充分、全面的调查研究，对于这些资料要善于鉴别，去伪存真，使决策更加科学，更富有效率。

5. 民主决策提高决策效率

不论在国企还是民企中，都有可能由于决策者本人素质差，犯官僚主义作风，独断专行，又不懂经济规律而拍脑袋做作出的决策，这种情况屡见不鲜。

决策不只是企业领导者的职责，也是每个企业成员的分内之事，如果听任决策者个人权力的绝对放大必然形成对公共权利的抵损。而且即便再聪明的个人也不可能永远保持理性状态。因此，企业管理者要发动员工投入到决策成本管理活动中去，约束决策者个人的权力，在民主的基础上集中；要通过广泛收集与制定目标成本方案，确定成本决策的目标，求得资金耗费水平最低，经济效益最大。

6. 系统决策

决策失误造成的损失巨大，它导致的往往是企业长期的综合损失，其背后涉及的常常是企业决策系统的失灵。因此，企业在决策前就应当建立成本控制系统，强调成本预算约束，推行质量成本控制办法，实行成本定额管理、全员管理和全过程控制。这种系统决策防止了拆东墙补西墙的现象发生，为企业成本控制指明了方向，也为成本控制提供了依据。

7. 为决策成本负责

有权必有责。管理者不仅有决策的权力，也需要有为决策成本负责的义务。之所以造成决策者不负责，到头来"拍屁股走人"，其根本原因是"问责不清"、决策的问责体系缺失。因此，必须建立起决策问责制度，扭转"只决策，不负责"的状况，将决策后果与领导责任挂起钩来。抓好各项决策的反馈与落实。管理权力不同，其成本责任也不同。权责分明也会提醒决策者慎重决策。

企业决策是一个企业管理工作中的核心工作，决策的正误关系重大，因此，管理层要有决策成本控制的目标、决心和信心；以身作则，严格控制自身的责任成本；实行决策的论证制和责任制，防止决策的随意性。建立以执行结果为导向的决策失误追究制度，使决策者认真负责地行使决策权，组织好决策的执行。

当企业成员都能从大局出发，积极为企业增加效益献计献策，并在执行决策中精打细算、节俭办事，便是为企业创造直接的效益。

投资决策是最重要的决策之一

在企业经营决策中，投资决策是最重要的决策之一，也是影响企业成本投入和利润获取的最重要因素。投资最终会表现为固定成本的一部分，常常是企业最重大的成本或最关键的成本。投资控制好了，可以降低成本，增加利润；否则就会火烧连营。

下面的故事可以很形象地说明这一点：

有位牧羊人看见一群野羊，想据为己有，让儿子在山外看守自己的羊。他到山洞里看守野羊。结果，家羊冻死了，野羊早晨看到阳光也四处逃散，牧羊人什么也没得到。企业投资也是如此，到处撒网会浪费资源。

很多企业的领导人也像这位牧羊人一样，认为靠自己生产经营发展太慢，因而热衷于第二种发展思路。于是，他们不顾自身的实力和条件，拉一些企业组建成企业集团。这种做法，有时可以在短期内把企业的销售额、资产规模"做"大，但其扩张的幅度又超过了该公司财务及管理资源所能接受的程度，公司的经营管理日益艰难。

浙江宁波金帆集团原是毛绒玩具行业的龙头企业，但因资金链断裂，于2008年宣告破产。金帆集团倒闭的原因主要归结于其盲目投资。在技术条件不完善的情况下盲目进入手机行业，后来又涉足"小灵通"生产领域。由于"小灵通"市场已经达到饱和，金帆手机业务陷入危境，导致数千万投资血本无归。

不少企业在制定投资决策时，都是只讲求流行风尚，只要业内流行什么就上什么，根本不作考虑，不注意与实际情况相结合。甚至一些企业领导也像一些政府官员一样为了搞"政绩工程"，开始造"投资花瓶"，成立了各种研究中心或决策咨询中心，搞"眼球经济"。其结果必然是用处不大，造成资源的浪费。

还有一种盲目投资的表现是感情用事。

一个国有企业的董事会，为了回报他的故乡，感情用事在他的故乡投资500万元办厂，而他的故乡却不具备经营条件，结果厂是办成功了，却年年亏损，成了这个企业的"沉重包袱"。

现代社会各行各业都迅速发展，市场及技术发展瞬息万变，因此，投资决策一定要谨慎从事，进行多方面的科学论证，以避免投资失败或者得不偿失。那么，在投资失误已经出现的情况下，应该如何避免更大的错误呢？一些著名企业的经验是：

1. 调整

盲目投资甚至多元化投资必然会引起企业管理制度、组织结构等随之膨胀，这些都会影响企业管理和经济运行效率，因此，战略收缩也是企业调整的重要选择之一。

20世纪70年代，美国将钢铁、汽车、石油化工等制造业称之为"夕阳工业"，20世纪80年代初美国制造业竞争力进一步衰退，许多产品优势为日本占有。而后，美国强调了信息技术的作用和"企业重组"，经过十多年的努力，美国用信息技术的优势夺回了制造业的霸主地位，并牢牢地树立了在信息技术革命中的主导地位。

因此，投资项目如果没有实现预期收益，那么马上就应进行调整；再没达到目标，就应果断撤出。

2. 叫停

由于各种不确定的因素，投资不可能总是成功的。如果凭现有人力尽力后仍无法挽回投资，最好的办法就是立即叫停，否则一项久拖不决的失败投资，将吸引投入更多的成本，变成吞没企业利润的黑洞。即便利润再高的企业也会被这个黑洞吞噬。

要做到这一点，确实不容易。因为上这些项目付出了决策者的心血，付出了工人们的汗水，甚至项目还和一些人的利益紧密相连。最重要的是决策者的面子也放不下。可是，在利益面前，面子是次要的。如果企业形势危急，仅凭面子能够渡过难关吗？

我国上海的复星集团在短短10年内，从一家中小型企业发展成为拥有80亿元资产的大集团，其间也有过项目舍弃的经历。他们总结的经验是：一旦项目出现失败的苗头，就立即"认输"。"如果不及时认输，以后连认输的机会都没有。"

就这样，他们通过及时调整使每次失败都对企业产生最小的影响，节约了大量的成本。

3. 砍掉

有些项目在投资论证时可行，但是随着市场的变化，项目的盈利也发生了变化，如果成本大于盈利，当然应该砍掉。

2000年12月，英特尔公司（ Intel ）决定取消整个Timna芯片生产线。

当初在上这个项目的时候，公司认为今后电脑减少成本将通过高度集成（整合型）的设计来实现，因此上马Timna这种专为低端PC设计的整合型芯片肯定符合市场需求。可后来，PC市场发生了很大变化，PC制造商通过其他系统成本降低方法已经达到了目标。如果再保留此项目，明显是没有市场，只能增大成本。英特尔公司看清了这点后，果断决定让项目下马，从而避免更大的支出。

在很多人的印象中，飞利浦就是生产剃须刀的公司。其实，飞利浦除了生产剃须刀外，还生产灯泡、半导体、手机等电子消费品，甚至还有和电子产品风马牛不相及的塑料厕所坐便器等，可谓五花八门。结果，多元化的"双刃剑"带给飞利浦的不只是分散风险，而是资源的吃紧。一批增长缓慢的业务未能及时退出，分散了公司资源，而增长潜力大的业务又未能分配到足够的资源。

面对巨大的成本压力及严重亏损，在2001—2006年，飞利浦公司30种非核心业务被出售，对于即使是曾被确定为重点发展的业务，已经不具备良好的发展前景也毫不手软。

不盈利的项目都砍掉了，留下的项目都是赚钱的，这样就保证了企业的盈利能力。

4. 舍弃

许多企业家总是嫌自己赚钱的速度慢，因此左右开弓，手脚并用，明明是做餐饮的，看到开高尔夫赚大钱，也上一个；明明是生产食品的，看见汽车行业市场广阔，也入股建厂；明明是生产化工的，看见医药来钱快，也投入资金重点研发。他们都希望自己能够抓住遍地黄金。殊不知，同时追求很多目标，其思维是零乱、扩散的，不能使自己的思想集中到关键的地方，而且能力限制，会有隔行如隔山的感觉。

虽然资本需要流动生利，但是这种多爪章鱼式的投资不能体现利润最大化或者价值最大化，反而"节外生枝"给企业带来累赘和负面效应。

管理学家德鲁克说过："投入全部的资源，向一个方向冲刺，是创业家最高的策略。""向一个方向冲刺"并不是说明你没有做大的实力，而是要在企业成本收缩、资源整合后集中发力。对于资源有限的企业，要获得竞争优势，急切需要将资源集中于核心业务，减少其他项目的投入或放弃某些项目，以最大限度利用企业有限的资源。如此，短期内能使企业赢得客观的利润，长期看可以保持企业持续发展的动力。特别是对于刚刚步入成长期的企业来说，集中于核心业务可以迅速增强企业核心竞争力。

这一点，中外企业的发展史都可以证明，世界企业500强的共同特点是主业特征明显，把无关联业务剥离出去，突出核心业务优势。通过集中资源，在主业上创新，构造了一个个跨国的"巨无霸"。

5. 整合、弥补

有时候，企业投资的项目虽然整体上没有什么盈利，但是如果和其他行业或者其他公司嫁接，资源进行整合，也可以发挥良好的效果，分解入不敷出的投资项目成本。

纵观那些强大的跨国公司无一不是把自己占据优势的技术、品牌等与发展中国家的市场、人力资本等进行整合，又通过不断地跨国并购重组，在全球范围放大自己的优势，成为全球经济的主导力量。如戴克、波音、空客等制造商，耐克、麦当劳等品牌控制商，微软、英特尔等关键技术和关键零部件提供者等。

这也是它们在市场份额缩小，企业面临困境时分解成本的办法。

就像现在中国房地产很热，不一定是每个人都能做，股市很热，不一定每个人都能炒一样，企业投资也是同样，要清楚自己擅长什么，要扬长避短，千万不能盲目投资，也不能随大溜儿，如果投资的是与主业不相关或者自己不熟悉而又无法驾驭的行业，则不要四处开花。对于那些不盈利的项目要及时关停整合。

看重长远发展，切勿急功近利

提到发展远景，许多人都认为那是大企业的事情，至于中小型企业赚钱要紧，哪怕使用伪劣原材料；哪怕工人开足马力，一天工作24小时；哪怕消耗很多能源只赚来很少的利润。没办法，谁让咱们还没有小康，是过渡阶段。这些企业家反而振振有词。

事实上，国内很多企业并没有认真制订未来的战略计划。有些企业家认为抓住机遇就是这些企业未来的发展战略，因此把企业的发展寄托在撞大运上。这种思想的产生有其历史和现实的原因：市场的资源有限，企业的发展机会相对较少，于是，机遇就是一切，抓住机遇就能实现跨越甚至腾飞。殊不知，没有未来集中性的战略计划，盲目等待机遇，企业的生存就无法维系。

不论是急功近利还是杀鸡取卵、撞大运，都是短期的生存而不是从企业发展的长期角度考虑，只是在预支明天、预支企业未来发展的成本，其结果是得不偿失。

有一个公园规模虽小，但从山脚到山顶有近40米高，筑起的100多级游览登山台阶，乍看还颇有些气势。

山顶公园内设有简陋动物展馆，也就是一排似猪圈的矮平房，圈养有孔雀、野鸡、猿猴、野猪、狼狗等10余种野生动物，较珍稀的是旁边的小池中养着一只非洲鳄鱼。

动物展馆可能属私人投资经营，常年照看生意的是一名中年妇女。去年开业时，儿童票价为4元，家长带小孩的只需购儿童票。2个多月的时间，游人如潮，生意很红火。大约觉得游客有点密集，尤其是可能认为带小孩的家长不买票太占便宜，老板于是确定大人、小孩都须购票进馆，且大人票价为5元，儿童票仍为4元。结果，不到一个月，每天能卖三四张票都很难！老板赚不到钱，不想搞了！人们无不感到惊讶和惋惜。

急功近利让本该到访的游客选择"用脚投票"，最终结果是损人、损名、损己、损钱！谈何发展？

假若老板始终坚持原有的价格策略，重在蓄积人气，人气升旺，地方交通、餐饮、住宿、购物、招商等相关行业必将拉动发展，"弯道超越"比"搜刮现钱"的效益要好，且更能保证地方经济的可持续发展！老板何愁赚不到钱？后来这样做的结果是老板另外投资选项，多花费许多成本。

与急功近利相似的做法是，有不少企业杀鸡取卵，打肿脸充胖子。尽管整体实力仍然"虚弱"，但为了推行其品牌，看到别的企业上了央视广告，也耗巨资挤上央视。风头倒是出尽，"风光"也感觉无限，但是后续生产资金捉襟见肘，等到面临倒闭的那天，这些企业后悔为时已晚。

企业可持续发展需要员工的贡献，需要客户的忠诚，需要品牌的力量，更需要资金的维系。以上这些短视的做法往往是"欲速则不达"，甚至把核心企业、好企业拖垮。

未来学家托夫勒说："对于没有战略的企业来说，就如同在险恶的气候中飞行的飞机，始终在气流中颠簸，在暴风雨中穿行，最后很可能迷失方向。"

一直以来企业都片面地把成本控制看成是产品制造成本的控制，而忽略了人才流失导致的人力资源成本、安全事故导致的安全成本、环境污染导致的环境成本，这些才是企业可持续发展最关键的。不重视长期的战略发展无疑是预支未来，无疑会增加企业发展的成本。

拿企业的人力资源来说。员工不是单纯地创造财富的工具，而是企业最大的资本、资产、资源和财富，是企业的主体，是决定成本的关键因素。如果企业以人为本，使员工和经理人员处于平等地位，员工的内心深处就会激发主人翁责任感和乐于奉献的精神动力，他们就会充分发挥自己的能力。如果不顾员工的死活甚至身心健康，他们必定会出现反抗心理，偷工减料、生产次品甚至怠工，无疑会增加产品生产的成本。

拿能源消耗来说，"能源短缺是我国经济社会发展的'软肋'，淡水和耕地紧缺是中华民族的心腹之患"。

资源获取捉襟见肘，发展困境如影随形。在能源短缺，环境污染严重的今天，一些制造型企业资源的高投入、高消耗、低产出、低效益，带来严重的环境污染和生态恶化。这种杀鸡取卵的方式破坏了企业生存和发展的环境，更不可取。长此以往，即使企业短期内取得了发展也是一种没有未来的短视发展。因此，企业控制成本的内容和范围应随着时代发展的需要而变化，并随着现代企业的发展而发展，根据环境变化确定企业如何走未来之路。这就要求在成本管理中引入战略管理思想，寻求企业持之以恒的竞争优势。

如果企业改变了急功近利的短视做法，能够与国家和世界发展的大环境相匹配，随时注视经营环境的变化，以达到企业有效地适应外部持续变化的环境的目的，就能够乘势而上，去争取和赢得企业的持续发展，主宰企业未来生存之路。

第二章　降低成本的有效方法是"精细化"

"针尖上打擂台，拼的就是精细"。著名经济学家吴敬琏先生在考察了浙江宁波的民营企业之后曾说：民营企业应该走"精细化"发展的路子。中国房地产界的领头羊万科集团的前董事长王石先生说：万科的下一个十年要致力于"精细化"。

精细化不是什么新东西，作为一种追求精益求精的努力，自古以来那些做事认真的人就已经在做了。但作为现代工业化时代的一个管理概念，最早是由日本的企业在20世纪50年代提出的。1950年，有一位名叫丰田英二的日本工程师，赴美国对底特律福特公司的罗杰工厂研究了3个月。丰田英二学习福特的汽车生产和管理方法，并且努力在此基础上改进提高。他以避免浪费为着眼点，设法在生产过程中以消灭任何无用的动作、避免无用的努力、消除无用的材料，努力建立这样一种企业：消灭不能给产品或服务的最终用户带来好处的所有活动；同时，要持续不断地寻找并贯彻改进的方法。

浪费源于管理粗放

粗放式管理，即在经济投入、成本控制、人员管理、质量监管等生产环节中没有一套合理有效的运行体制，管理中只是为了完成某一既定目标，而没有一个科学有效的过程。

在供不应求的计划经济时代，我国许多企业大都是粗放式管理，甚至目前的部分企业在管理中还是采用粗放管理的形式，比如，进原材料从不用讨价还价，对原材料的质量把控也不那么严格；企业招人不论是否符合岗位，都能用；设备也是不重视保养维修，能凑合用就行。其结果造成原材料浪费、废品次品成堆，组织机构臃肿，使得企业的生产效率、产品质量和服务都无法提高。

可是，在发展市场经济的今天，有些企业，特别是一些生产制造重工业产品的企业，还存在着粗放式经营管理的现象。

粗放管理最明显的特征是：追求由投资和需求所拉动的规模增长。在这种指导思想下，很多企业，特别是资源垄断型或经营特殊型的企业，凭借其得天独厚的条件而迅速发展壮大。员工甚至能从几十个人发展到几千人，销售收入在几年内就能急剧扩展到10多个亿。但随着市场的逐渐饱和以及市场竞争的日趋激烈，这些企业由于缺乏长期规划而很快衰败了。

粗放式管理的第二个特征是热衷于管理思路和经营战略的思考，缺乏对具体管理方法和手段的研究，企业管理针对性、操作性和执行力不强。粗放式管理的缺点就是不精细，由于管理不精细，也会造成许多浪费的黑洞。我们可以发现，凡是粗放式管理的企业在管理上大多浮于表面，形式主义占上风，没有严格的细节执行体系，虎头蛇尾。比如，很多企业往往片面地追求建立自己的企业文化，空喊"质量重于泰山"等口号，而实际上却并不执行，许多环节都是走过场。

粗放式管理的第三个特征就是仅仅满足于管理效率的"差不多，过得去"。在这种管理思想的指引下，员工自然而然地形成差不多的思想，工作粗枝大叶，标准意识不强，只重过程，不重结果。有的工作看似做了，但细处没做，远未达到精确、量化、规范的要求。比如，在产品质量方面，员工常常自我感觉良好，认为可以向老板交差。老板对产品合格率、每道工序的能力和成本等情况知之甚少。在市场上和同行比较相差十万八千里。

总之，在这种粗放式管理下，企业的效率和成本也都是一笔糊涂账。

如果说在物资短缺时期，企业粗放经营也照样有钱赚，那么在市场经济年代，企业这种粗放式模式管理就难以立足了。21世纪，全社会在生产力普遍发展的基础上已告别了短缺经济，靠传统生产要素、特殊历史条件所占据的优势已经不在。随着中国市场经济体制的确立和完善，企业的数量越来越多，同一类型的产品自然也相应越来越多，市场竞争日益加剧。粗放型的管理已经不能再适应激烈的市场竞争，这在客观上要求企业的管理必须转型。

特别是在企业面临国内、国际双重竞争的时代，企业管理必须改变粗放管理的模式，实现向精细管理的过渡。任何企业，如果试图按照粗放式管理的老套路来经营将会更加步履维艰。粗放管理不但严重阻碍了企业战略目标的实现，而且忽略成本的粗放式管理会加速企业的灭亡，甚至会把原本一个蒸蒸日上的企业拖向深渊。

纵观"旭日升"的发展历程，我们发现，其最大的败笔就在于企业管理上存在着粗放管理经营的漏洞。他们不计成本地推行广告"高空轰炸"，派出上千名营销人员寻找经销商、铺货、回款，这些无形中增加了企业的成本。此外，"旭日升"粗放的营销模式导致市场冲货现象不断，市场秩序混乱引发企业信用危机。企业内部成本控制流于形式，激励和约束机制发生错位，终于，"旭日升"坐困危局。

由此可见，忽略成本的粗放式管理会加速企业的灭亡。那些被一时胜利冲昏头脑的公司一旦不注重成本管理，早晚会受到市场的惩罚。

粗放式管理主要来源于人的经验，各管理环节缺乏有效的控制。不可想象，在这种管理模式下，作为企业领导，如果不能有效地控制企业的生产经营过程，不研究企业成本费用状况、构成及变化，不能精确地管理成本，企业怎能在激烈残酷的市场竞争中生存发展呢？因此，这种无法与时俱进的管理模式注定要被淘汰。

企业之间的竞争就是细节的竞争

目前，我国许多企业特别是民营企业经过创业期和成长期，进入了快速扩张的发展期，原来粗放式的管理导致成本控制流于形式，激励和约束机制发生错位，创业期的管理经验也无法再复制。

随着管理理论研究的逐渐深入，控制论、系统论等理论研究成果不断应用于管理领域，管理的内涵发生了极其深刻的变化。

著名经济学家吴敬琏在考察了浙江宁波的民营企业之后曾说：民营企业应该走"精细化"发展的路子。精细化管理是社会分工的精细化以及市场导向对企业管理的必然要求，也是中国管理的必经之路。精细化是未来10年的必经之路。

实行精细化管理的企业，会十分关注企业的财务指标、收入、成本、利润和资金周转等状况。能够提前发现危机并且预防危机。

精细化管理有三大原则：一是注重细节；二是立足专业；三是科学量化。只有做到这三点，才能使精细化管理落实到位。

细节，就是细小的环节或情节，细节里有财富。企业之间的竞争就是细节的竞争，是企业追求卓越、实现完美的必然选择。

可是，细节因其细微往往容易被人忽视，结果，不注重细节会增加企业的成本。企业不论大小，细节不到位都可能使财富流失。

有一家食品店，顾客来买馒头，服务员隔着玻璃窗把用塑料袋装好的馒头"咚"的一声扔到顾客面前。当有顾客不满地质问她："扔砖呢？用那么大劲儿？"她竟然疑惑不解地回答："这有什么大惊小怪？不都是这样吗？"这还不算，当顾客买包子要素荤搭配时，服务员又不满意了。"一共只要两个包子，还一个肉的，一个素的，真麻烦！"

结果，由于这一个小小的细节，这家食品店没有多长时间就门前冷落了。并不是他们的食品质量不行，而是服务上不注重细节。后来，尽管老板着急得又是装修门面又是打广告、发宣传单，但是，无疑是增大开支，没有效益。

不重视细节就是粗放管理经营最明显的表现。比如，有些员工凡事不作深究，只求大概，不求精确。不但自己的工作中漏洞百出，导致企业的产品也缺乏竞争力。

黄河小浪底水电站是我国大型水利枢纽工程，举国关注。可是所有的机组安装到位后一运行，国产化程度高的那三个机组，全部漏水。谁都不会料到，影响这个雄伟工程的竟是工人们没有按照严格的规定操作，有的螺丝没有垫子，有的根本就没有螺丝！

本来，一个机组正常运转可以带来300万元的效益。可是，竟然一停就是一个月！为此，《经济日报》曾痛心地发问：《难道我们连螺丝钉都拧不紧吗？》

这样的工作何谈质量！这样的工人怎么能说工作精细？

许多时候很多企业并不是被出的大事所打倒，而是败在一些不起眼的细节上。正是这些看似不起眼的细节却最容易把利润和财富吞噬掉。所以，要让精细化管理节约成本，就必须在细节上不断磨炼，赢在细节。

对于管理者来说，精细化管理不是一场运动，而是永续精进的过程，是自上而下的积极引导和自下而上的自觉响应的常态式管理模式。既然是自上而下，管理者首先要做出表率；既然是常态式，管理者就需要每时每刻关注自己的一言一行，不让细节的疏漏给企业带来重大损失。因此，精细化管理需要将这种战略思想执行到每个管理环节中。

与粗放式经营相反，精细化管理是组织严谨、认真、精益求精思想的贯彻。企业要实行精细化管理，管理者首先需要树立精细化管理的意识。只有认识到位，才能执行到位，落实到位。

在日本株式会社大厦前的停车坪上，驶来一辆高级轿车。前排的百惠急忙下车绕过车后，要为后面的贵宾高桥开车门。但令他没想到的是，高桥却已打开车门，随之"砰"的一声，重重地关上车门。这重重的声音，似乎是想发泄什么。百惠愣了一下，莫不是自己照顾不周？

在接下来的时间里，既有紧张的洽谈，也有放松的惬意。洽谈结束后，百惠尽地主之谊，陪同高桥游览东京的名胜古迹，高桥感到非常满意。可是，当百惠送高桥回来时，高桥又是重重地"砰"的一下关上车门。百惠沉吟了片刻，终于小心地向高桥鞠躬边问道："高桥先生，敝人的接待没什么不周吧？如果有，还望先生海涵。"高桥不明白怎么回事，回答道："百惠先生把什么都考虑得非常周到、细致、谢谢。"

第三天，当双方需要在合作协议上签字时，高桥得到的通知是"董事长有要事相谈，请高桥先生稍等。"接下来，高桥得到的消息是约定的谈判时间推迟了。高桥的心中掠过一丝疑虑。这家一向讲究效率和信用的大公司对于选择生产供应商这样的大事不会随便更改啊！

原来，是百惠向董事长提出了推迟谈判的建议。百惠的理由是："这几天我一直陪着这个高总工程师。我发现他多次重重地关上车门，开始我还以为是他在发什么脾气呢，后来才发现，这是他的习惯。他重重关上车门习惯的养成，是因为他们的轿车车门用上一段时间后就易出现质量问题，不容易关牢。管理层坐的车尚且如此，一般的车辆就可想而知了……我们把轿车和附件给他们生产，成本也许会降低很多，可是质量能保证吗？从长远来看，这不等于在砸我们自己的牌子吗？请董事长三思……"

高桥怎么也没想到，自己一个无关紧要的关车门的动作竟然使一笔重大的合作协议告吹。他所在的企业更加没有想到，由于高层技术人员一个细节的疏忽使企业到手的生意灰飞烟灭，接下来，企业需要另外开拓新客户，寻找新的合作伙伴，无疑额外增加了更多的成本。

这个故事给我们的启示是：精细才有竞争力。如果百惠不注重细节，对汽车不专业和精通，没有对客人关门的量化考核，是不可能得出不合作的结论的。

在生产型的企业来说，精细化管理是一种管理技术，表现在通过规则的系统化和细化，运用程序化、标准化和数据化的手段，使组织管理各单元精确、高效、协同而持续地运行。

例如，在美国的霍尼威尔公司，一批货物下午4点钟必须要到达报税仓库，因为要准时装上5点钟起飞的飞机飞往欧洲。这就要求所有的成品在2点钟前必须到达公司的成品库，3点钟装上卡车，4点钟到达报税仓库，5点钟飞往欧洲，第二天该公司所组装的产品就能及时地直接出现在市场上。与其他企业相比，他们的产品是一样的，但是管理却不一样，所以企业的利润也大不一样。

再如，日本的欧姆龙公司，主要的产品是继电器。进入这家公司在上海的工厂可以发现，所有产品的生产过程把握都非常准确。比如，有一道焊接工序是将继电器放在焊接液中，2秒钟之后取出。为了准确控制焊接所需最佳时间，他们特意设置了一只表，2秒钟后自动报时，居然精细到了以秒为单位。

这就是制造业中的精细化管理。与此相比，那些粗放式管理者能不汗颜吗？

产品的高质量不是靠企业夸夸其谈地吹出来的，而是要通过具体的指标来体现。精细管理就是要彻底摒弃粗放型管理那种"差不多"的意识，依靠严谨的行为，控制所有成本，为消费者奉献上更加精致的产品。

让数字说话才能做到管理精细

某林区突发森林大火，主管部门急调大批森警和灭火人员赶赴火场，可当大部队按照林区地图上标示的着火地点赶到现场才发现，真正的火场并不在这里。由于一张不准确的地图，稍纵即逝的扑火时机被延误。

曾经，林区地图落后在林业部门曾是一个非常普遍的现象。森林是动态的，一个林区的林相总在不停地变化，靠人工绘制一张中等林场林相图需要很多人，一年半载肯定忙不完。如此巨大的工作量，等到忙完，树木的数量又有变化了。因此，没有精准的数字给扑救工作带来了很大的损失。

要改变这种粗放型的管理就需要让精准的数字说话。精细化管理的原则之一是科学量化，将管理数量化并提高管理的精确性，通过对数据的分析研究，来确定具体如何操作。

这样的企业管理目标对中国的企业家来说的确是一个不小的挑战。

因为在中国人的思维中，一向都是用了太多的语文管理而不善于做数学管理。况且，中国古代就有重文轻理、重义轻利的传统，精准的数字会被人们看成是寸利必得、锱铢必较，未免太抠门了。

于是，在这种思想的指导下，模糊思维方式大盛其道。在媒体宣传、领导开会或者年终总结时，领导们都在描述着"形势好于往年，产量有明显增长、很受消费者喜爱"之类的模糊词语。如果你问一位仓库管理者"你们现在库存有多少？"回答肯定是"大概应该是××"或者你问一位市场部经理"这次交易成交了多少客户？"回答又肯定是"可能是××"。这些大概、可能就是他们最好的回答。

可想而知，在这种模糊思维方式下，管理者对成本情况、材料来源和增长趋势等方面的因素怎能有详细充分的了解？怎能有足够的依据来支撑自己的判断？如果企业家活在模糊管理中，跟着感觉走，不可能明白企业有多大开支和收入，成本控制是否合理？赢取了多少利润，更谈不上大幅度增长。

"你的每一天都是数字，你的管理才有力度。"让数字说话才能做到管理精细。

精细化管理要求管理者多用理性思维，重点关注数字、数据、工具。因此，在平时的工作中，管理者要养成这样的习惯，任用和培养符合精细化管理理念的员工。

在一家公司，有三个人去应聘采购主管。其中，一名是学管理的，一名是学营销的，第三名则是一名曾有过菜市场小贩经历的高中生。

在整个应聘过程中，三个人经过一番测试后，公司总经理亲自面试。他提出了这样一个问题：假定公司派你到某工厂采购4999个信封，你需要从公司带去多少钱？

这简直是小菜一碟！没想到总经理出的考题竟然如此简单。

第一名应聘者很快就给出答案：430元。第二名应聘者也不甘落后，答案是415元。两个人像电视节目中的选手那样等待着摘取冠亚军的桂冠。

总经理走到第一名应聘者面前平静地问："你是怎么计算的呢？""就按采购5000个信封计算吧，可能要400元，其他杂费就算30元吧！"第一名应聘者回答时颇有不拘小节的大将风度。总经理未置可否。他走到第二名应聘者面前问："那么，你是怎么算出来的呢？"

第二名应聘者解释道："我感觉，5000个信封大概需要400元，杂费可能15元就可以了吧。采购和营销都应该本着为企业节约的目的。"

总经理听后含笑地看着他，同样没表态。第一位应聘者闻言感觉这位学营销的老兄真会见人说人话、见鬼说鬼话，有拍马屁之嫌。

总经理又走到第三位应聘者面前，前两位应聘者都不屑一顾。堂堂的高等院校毕业生岂能和小贩同日而语？但是，总经理却认真地问第三位应聘者："你能解释一下你的答案吗？"前两位应聘者不明所以，探头观望，原来，这位小贩的答案是419.42元。居然精确到分，不觉有些惊异。

只听第三位应聘者解释道："信封每个8分钱，4999个是399.92元。从公司到某工厂，乘汽车来回票价10元，午餐费6元。从工厂到汽车站有一里半路，请一辆三轮车搬信封，需用3.5元。因此，最后总费用为419.42元。"这次，总经理听完终于露出了会心的微笑。

不但企业招聘员工看重他们精准的数字思维模式，管理中的任何环节都需要精准的数字来支撑。只有以数字为依据，才能实现精准成本管理。

第四代成本控制技术的创始人林俊先生说："精准成本管理就是把企业成本按照产品、质量、效率、资金占用、客户、风险、人力资源、安全、环境九个方面进行分类，针对不同的成本性质采取不同的方法进行运筹和控制。要实现精准管理当然需要精准的数字作为依据，精准的数字才最有说服力。"因此，要改变粗放管理的弊端，提高管理的科学化和准确性，降低管理成本，让精准的数字杜绝弄虚作假的现象。数字最有说服力。

应着眼于质量的提高

在人们对生活的质量追求越来越高的时代，消费者呼唤企业将产品的品质做细、做精，因此，精细管理要有精品意识。

可是，在一些企业中，不论管理者还是员工都存在着"差不多"的意识。在这种粗放管理模式下，废品、次品和返修品层出不穷。结果，这些问题又会带来新的更大的问题，供应部门要采购更多的材料来预防缺料；返修品多了，则需要多配备返修人员，又带来人工浪费；返修还需要浪费水电气和辅料等成本；甚至消费者投诉需要解决等，这些无疑都会增加企业的开支。

曾经，福建晋江是国际名牌运动鞋的加工基地，拥有耐克、阿迪达斯等众多名牌运动鞋的生产线。

1988年，耐克的生产线出现了一批次品，总部决定把它们统一销毁，但有些工人觉得太可惜了，鞋又不是食品，次品也可以降低处理啊！总比销毁合算。于是，他们把这些鞋偷偷地运出来，自行销售。可是，耐克公司却不这么认为。他们觉得这种看似节俭的行为严重地伤害了耐克的品牌和声誉，于是，一气之下把工厂搬到了福建的莆田、仙游一带。

晋江的制鞋工人没想到自己居然因小失大，可以说，这个教训不可谓不深刻。由此，他们也从中悟出了一个道理：有些成本省不得，如果任由残次品流入市场，最终结果便是捡了芝麻，丢了西瓜。于是，他们转向了自建生产线，并且发愤图强，创造出了自己的运动鞋品牌。

精细化管理就是要有精品意识，特别是在市场经济下，由于产品种类越来越丰富，顾客可供选择的余地越来越大. 顾客的要求越来越复杂，甚至还有个性化的趋势。为此，企业家必须树立精品意识，为消费者生产出品质优良的产品。

要树立精品意识就不能单纯地要数量而不要质量。

有些国企的管理者认为，降低企业成本并不能直接为企业带来经济效益，而且难度大，不易奏效，因此，为了体现自己在任期内的政绩，单纯追求产量。也有些民营企业在公司形势大好之时会要求员工尽量多生产，加班加点增加产品生产量。其实，多做也是浪费。

多做出来的产品或零件很可能在以后用不到而变成呆滞料，而且多做出来的产品需要占用多的容器和仓库的空间，需要增加人员搬运和管理库存等，这些都会导致成本的增加。制造过多推迟了对质量问题的反馈，阻塞追踪产生问题的根源，扰乱了对错误的计量。而且还会把"等待的浪费"隐藏起来，使管理人员漠视等待的发生和存在。更重要的是，多做的库存会隐藏大量的未知问题。比如，安全防火不到位引发的事故或者偷盗事件等。

由此可见，生产过量只是提早用掉了费用（材料费、人工费）而已，将逐渐地吞蚀利润。

而且多做会带来"萝卜快了不洗泥"的现象，结果，产量上升、质量下降、牌子倒地成为不少企业最终的命运。以彩电企业为例，昔日雄霸国内市场的龙头企业很多被市场抛弃。其原因就是企业重产量，上规模，产品质量下降，公司开始走下坡路，最终被淘汰出局。

由此看来，由于质量缺陷和产能过剩导致过量库存、资金占用成本等都会使企业不堪重负。如果企业忽视这些成本的管理直接增加了企业的资金负担。从整个供应链看，这些成本也会削弱供应链终端的价格竞争力。

因此，企业在追求高效率发展壮大的时候，不能仅仅着眼于规模的扩充、能力的增强、产量的提升，应着眼于质量的提高，出精品，要变企业的粗放型经营为集约化经营。

在这方面，北京现代就改变了以往重数量的模式，着力打造精品。

北京现代无论是企业建设速度还是产销业绩都创造了中国汽车行业的新纪录。随着北京现代的快速发展及成功转型，原有的"粗放式管理"逐渐显现弊端。以生产为中心的管理模式已不能适应新的市场发展阶段。为此，北京现代向精细化迈进。通过产品结构的改变、市场结构的改变等，对价值链管理进行排序，完成从以生产为中心向以市场为中心转变。如今，北京现代已从单一制造、品种单一的企业，向有大规模生产能力、丰富产品系列的精细化管理迈进。从车型的款式、颜色和价位上，尽量满足不同消费能力、不同年龄段、不同爱好的消费者的需求。

精细化管理需要在全体员工中树立了精心细致的工作作风、精耕细作的作业方法和"精雕细刻"打造精品的理念。更需要管理者从小事入手，从细节突破，从生产的各道工序、各个环节，管理的每个过程、每个环节，全方位、多层次地进行监督管理，杜绝成本上的漏洞，消除管理上的盲点。

丰田公司精细管理的3个措施

在许多企业管理者看来，似乎提到精细化管理就是要关注细枝末节。这未免太婆婆妈妈、"小脚女人"了，战略是多么重要，是多么宏伟，多么有气魄，难道仅凭管理的精细化就能提升企业的效益不成？

对于中小企业来说，越是在外部经营环境困难、企业利润大幅下滑的情况下，成本控制的重要性越突出。目前，中国企业已经进入了微利时

代。随着原材料上涨、人工工资增加、反倾销导致出口受阻，内销竞争压力大、市场高度细分、大品牌显现、企业运营成本过高、利润薄……这些成本控制的好坏往往会决定中小企业的生死存亡。在这种情况下，企业要在经营中胜出，必须考虑降低运营成本。走出粗放式管理，实现精细管理，是确保企业在激烈的市场竞争中实现基业长青的关键。

降低成本是企业管理的一项永恒主题，大企业当然也不例外。以汽车闻名于世的日本丰田汽车公司还有一样东西也声名显赫，那就是"小气"。丰田公司视"浪费"为企业的最大毒瘤。几十年来，丰田公司精打细算已经形成了自己的传统。

他们采取的措施是：

1. 提高认识

"丰田生产方式"的创造者大野耐一曾经强调说："丰田生产方式的目标，在于杜绝企业内部的各种浪费，以提高生产效率。"在这种理念的指导下，日本东京，这个丰田车最多的地方，丰田公司居然连一个总部都没有，原因是东京地价太贵，而且应酬难免增多。

2. 量化执行，全员参与

在丰田公司，精细化管理不仅只是树立精打细算的意识，更是一种科学的可操作的具体管理方法。

例如，他们在工厂的抽水马桶里放三块砖，以节省冲水量，男用的便池用白漆画了两个白色鞋印，定位而立，以便节省清洗用水；笔记用纸正面写完了，裁成4段订成小册子，反面作为便条纸；一只手套用破了，按规定只能换一只，另一只等用破了再换。

3. 监督控制，严格考核

要实现精细化管理，必须建立科学量化的标准和可操作、易执行的作业程序，以及基于作业程序的管理工具。

为了防止浪费现象的产生，丰田公司的成本管理细化到每一道生产流程中。比如，哪些成本是加工时间的浪费造成的，哪些是人为等待而产生的，哪些是搬运、仓储过程中产生的浪费等。目的是为了各部门积极沟通、了解细节，做到准确控制、规范管理。

精细化管理就是组织将有限的资源发挥到最大效能。精细化管理就是要精心细抠管理的每一个环节。

在这方面，蚂蚁浙商就是很好的榜样。

在中国商界，充满活力、活跃在各大经济舞台上的"浙江兵团"已成为中国民营经济的一部活教材。而今，他们已经从"蚂蚁军团"发展到"跨国网络"，其中，精打细算是支撑他们发展跨越的恒久的精神和动力。

在义乌，卖100根牙签只赚1分钱，一个姓王的商贩每天批发牙签10吨，按100根赚1分钱计算，他每天销售约1亿根牙签，稳稳当当进账1万元。有个摊位卖的是缝衣针，粗的、细的、长的、短的一应俱全，平均1分钱2枚，这个小商贩一年卖针也能挣到80万元。2004年，一家生产打火机的小工厂出口量达9000万支，利润为90万元。而且，在义乌，靠做这样只赚1分钱生意起家的老板不计其数。甚至，一个打火机的利润只有5厘。

如此低的利润，居然让义乌走向了世界。这是为什么？这就是义乌商人的精明所在——精细化管理，处处精打细算。一点一滴地降低成本费用，一点一滴地挤出利润！

这些"蚂蚁商人"赚钱的秘诀是：不论制造还是销售，都要把成本拉到最低。根据自身的实际运作成本来抠成本，而不是盲目地缩减工人、工序。

这些精打细算表现在，不购买或者租赁厂房，在自己家开工厂；或者因陋就简，改装厂房。厂子所在的农村有得天独厚的生产条件——地租便宜、劳力集中。于是，我们看到，在用几间民房改装的车间里，40多个工人生产时尚的无顶太阳帽。就是这个小作坊，一天可以生产出20万个太阳帽，它们经过贸易商的中转后，全部挂进沃尔玛的卖场里。

但是，这并不意味着在简陋的厂房无法生产出精致的产品，他们生产管理精细化，对产品更是精工细作，无论在产品设计与质量控制上均要求精细。特别是一些工艺品不仅达到了精致和精细，而且向时尚和典雅走近并得到许多国外客户的认可。这一切，没有精细化管理怎能做得到？

凭着精细化，浙商走出了价格上的相互拼杀，打响了自己的品牌，而今，他们共同将行业做好、将市场规范、将蛋糕做大，并在国际舞台上拥有自己的一席之地。"细"是精细化的必要过程，"精"是精细化的自然结果，只有精细化才能增值出效。目前许多企业都追求精细化管理。

在目前激烈的市场竞争中，企业大量资源的投入，往往只能赚取百分之几的利润，而任何一个细节的失误，任何一项工序的不精确，就可能将这点利润完全吞噬掉，只有精细是提高效益的必然措施。因此，要尽快改变粗放式管理造成的经济效益低下现状，使企业的所有员工都认识到精细在服务客户中的重要性，尽快适应市场的竞争。

浙江城市商业银行一家网点业绩尤其突出，就是在精细服务上做了很多创新。

首先他们改变了柜台设计——按照男女的平均身高设计双层柜台，比原先高度降低了10厘米。这样，不同身高的客户在填写单据的时候会比较舒服，也方便携带小孩的顾客。

另外，凡办理小额质押贷款的储户按完手印后，工作人员总会及时递上一张纸，提醒储户把红手印擦拭干净，免得弄脏了衣服。

就是这些看起来微不足道的细节改变，竟让许多储户感动不已，连连夸他们想得周到。可见，在企业经营中，精细也是提高效益的必然措施。

在建设节约型社会的今天，精细化不仅是企业降低成本的措施，也是节约能源和资源的可行之路。在精细化理念的指引下，企业才能健康发展，不断壮大。

第三章　生产成本直接影响利润

我国是一个制造业大国，生产成本的高低直接影响产品的利润。所以，一种产品，如果能以最小的投入获得最大的产出，或在投入一定的情况下，使产出最大，就实现了产品利润的最大化，亦是企业所追求的目标。那么，如何控制生产成本呢？

企业竞争力受生产成本制约

生产成本是指在制造过程中所发生的成本。在企业经营的总成本的构成中，生产成本所占的比重最大，它直接影响和决定着企业竞争能力。

在制造现场中，导致浪费的根本原因是生产要素过剩。这些生产要素即人、设备、物料、厂房空间等。比如，过多的人员，会发生不必要的劳务费；过多的设备，会发生不必要的折旧费；过多的物料，会发生不必要的利息支出；过多的厂房空间，会发生不必要的租赁费……这些超过必要的生产要素都会提高制造成本。此外，这些因素相互作用，会产生第二层次浪费。人员或物料、场地等过多，必然会产生等待的浪费；为了避免等待，尤其人工的等待。如果说设备、场地、物料等待还可以使管理者心安理得的话，那么他们最不能接受的就是给闲人发工资，于是，各工序便提前制造出了一些顾客不需要的产品，结果又增加了库存的成本。

还有因为安排作业不当而引起的等待现象，也是生产中的浪费。比如，存货用完、停工待料，机器设备运转失常，由于设备部门和质量部门不能及时解决问题而需要现场人员长时间的等待等；或者一些速度快、价格高的联动生产线，为了使其能正常运转通常会另外安排人员在一些机器旁监视，这也会造成"闲视"的浪费。

上述情况所引发的浪费造成的危害很大，影响企业的正常运行。

美国钢铁大王安德鲁·卡内基指出："密切注意成本，你就不用担心利润。"

企业是自负盈亏的商品生产者和经营者，其生产耗费是用自身的生产成果来补偿的。目前，对于大部分企业来说，利润微小的同时还要实现快速扩张，不实行低成本运营就难以生存。对任何企业来说，节约成本都是提高竞争力、改善经营效益的关键所在。因此，为了保证企业再生产不断进行，对于生产过程中的浪费，管理者必须出台强有力的措施。

许多公司谈到降低成本首先就是拿员工开刀，不是想办法降低工资就是让员工多劳少得，或者干脆就是裁员。在他们看来，中国就是劳动力资源丰富，需要时就可以补充。这种周扒皮式的成本管理方式是传统的成本管理最明显的特征。这是片面从降低成本乃至力求避免某些费用的发生入手，强调节约和节省入手，往往会适得其反。

对此，麦肯锡曾这样评价中国企业："成本优势的巨人却是成本管理上的侏儒。"世界上每一个发达国家都是管理的先进者，他们认为，以节约成本控制为成本管理基本理念的企业只是土财主式的企业；企业要想有长期效益，就只能从战略的高度来实施成本控制。换句话来说，不是要削减成本，而是要激励员工，提高生产力、缩短生产周期、增加产量并确保产品质量。

在他们看来，人力资源是第一宝贵财富。只有激励员工，调动起员工的积极性，才能群策群力去消除原材料浪费、改进操作程序、提高产品质量、缩短产品生产时间等，从整体上减少企业内部生产成本的浪费。而且，这种认识也已经被许多企业所证实。

在西欧的办公设备自动化生产厂商中，有这样一个厂家——奥利凡蒂公司，曾经因为生产成本太高，在同行业的竞争中岌岌可危。为了挽救工厂的危机，德尔贝代蒂走马上任后就采取了一系列大刀阔斧的措施。

一是淘汰机械式打字机，购买最先进的生产设备。从生产机械打字机一下过渡到电子打字机需要投入巨资。许多人认为这不是增加成本吗？何况当时公司负债累累。此举在当时的情况下，是需要相当大的勇气和魄力的。可是，德尔贝代蒂为他们算了一笔账。使用机械打字机每年比电子打字机会少收入多少，因此增加的人力、物力和设备维修费会增加多少成本。人们在这笔账前面一目了然，支持了他的行动。

二是改进生产过程管理，变人工操作管理为引入计算机控制系统，这大大节约了人力和为此支付的工资成本。

三是建立产品成本和质量考核机制，把控制生产成本目标和生产质量责任制直接落实到个人。那些生产成本超过预定目标、质量不合格的员工将领不到奖金。此举大大减少了废、次品，降低生产成本，也大大提高了产品质量。

四是降低原材料成本，尽量使用替代材料。德尔贝代蒂通过研究产品或零部件的性能，然后寻找具有这种性能的廉价替代品，以达到降低成本的目的。比如，他仅仅替换了打字机的一个小零件，就节约原材料成本3000多万美元。

五是压缩在制品和产成品的库存，按照市场的订单生产，减少了流动资金的占用。

通过采取以上降低成本的措施，德尔贝代蒂在3年多的时间里没有裁掉一个工人，反而大大提高了劳动生产率。奥利凡蒂公司迅速扭亏为盈，成为欧洲最大的数据处理设备的生产厂家，并在世界电子打字机行业中雄踞榜首。

其实，成本控制并不是人们所想象的传统中一味节约的方式。控制成本的目的是为了不断地降低成本，获取更大的利润，因此，首先要考虑企业的盈利目标。只有把以客户为导向，改进工作流程、减少浪费的时间，将企业的每一种资源用到最需要它的地方，这才是降低生产成本的关键。

质量是企业的生命

质量是企业的生命，是企业生存的根本，是企业发展的关键。企业要做百年万年长青之树，离不开质量的保证。张瑞敏挥动铁锤砸冰箱，就是为了打造出一个让消费者信得过的质量。对于企业来说，没有质量的产品无疑是生产中最大的浪费。

在美国，经过统计发现许多公司用在质量低劣品的测试、检验、变更设计、整修、售后保证、售后服务、退货处理以及其他与质量有关的费用占总营业额的15%~20%。由此看来，这些质量低劣的产品占成本的费用不可忽视。

在产品制造过程中，任何次品、不合格的产品都会造成材料、机器、人工、库存、搬运等资源的浪费。随着产品的报废，在市场营销方面还会引发一连串的恶性循环，增大成本。比如，出货延误取消订单，降价处理，企业信誉下降，市场份额随之萎缩等。

如果是一些需要返修的产品，在返修的过程中又会相应增加许多成本。比如，供应部门需要额外采购更多的材料，随之带来库存的浪费；配备返修人员造成人工浪费；返修过程中还要浪费水电气和辅料等成本；因产品质量缺陷引起的产品的退换、试验、测试等费用，以及防止产生不合格品而发生的费用，如为提高产品质量支付的培训费、宣传费及质量管理费等。如果在售后服务中因为产品质量问题给用户带来了损失，那么，售后服务维修费以及给用户的损失赔偿费等，也会徒然增加许多成本。

因此，要生产优质产品，首先要树立正确的质量价值观，只有把质量放在至关重要的地位，才能真正树立自己的品牌。

1. 树立"质量第一"的思想

在企业内，必须普遍树立起"质量第一"的思想，只有从思想上重视，才能从行动中体现。要打造质量型企业需要全体员工树立起为企业负责、为用户负责的质量意识，全体员工都来关心产品质量，严格把住产品质量关。

2. 组成完整的质量管理体系

全面质量管理要求的是全企业的质量管理。既然不良品的产生原因是多元的，就需要从各部门、各环节严把质量关。

首先从组织管理角度来看，要求企业各个管理层次都有明确的质量管理活动内容。上层质量管理侧重于质量决策，制定企业的质量方针、目标、政策和计划，并统一组织和协调各部门各环节的质量管理活动；中层质量管理则要实施上层的质量决策，找出本部门的关键或必须解决的事项，确定本部门的质量管理目标和对策，对基层工作进行具体的业务管理；基层质量管理则要求每个职工都要严格地按标准及有关规章制度进行生产和工作。

这样自上而下从决策层到执行者就形成一个严密的质量保证体系。做到质量工作事事有人管，人人有专责，办事有标准，工作有检查，从而有效保障产品质量和生产流程，降低生产成本。

3. 做好事前控制

美国通用公司做过一项研究表明，若在生产前发现质量问题并加以解决，所花费用只有0.003美元；在生产过程中发现并纠正质量问题则需30

美元；到产品售出后才发现并加以改正就需花费300美元。因此，在产品生产前就必须严格把好质量关。

为了保证产品质量，必须根据相关技术标准，对人员、原材料在制品、半成品、产成品以及工艺过程的质量进行检验，严格把关。保证做到不合格的原材料不投产，不合格的零部件不转序，不合格的半成品不使用，不合格的产成品不出厂，不熟练的工人不上岗，不符合要求的设备不运转等。

4. 目视管理

在很多工厂内，质检员和生产车间的工人都不在同一车间工作，时过境迁后质检员往往无法掌握问题的起因所致，因此，加工人员势必得再花一次时间进行不良品原因的判定，而目视管理就可以减轻这种无谓成本的支出。

目视管理要求不但质检员，而且每一道工序上的员工都必须随时留意生产线上的过程，一旦有次品出现时马上找出是由哪几台机器、哪一批材料及哪位作业人员所生产的，这样做可以让员工自觉地认识缺陷、分析缺陷、预防缺陷产生。

5. 设置"质量状况看板"激励员工

将产品分为优等品、正品、次品、废品4大类，以这些指标为横坐标，以产品数量为纵坐标，将各班组或各车间的质量状况以图表的方式表现出来，让员工不但知道自己部门的产品质量情况，也知道别的部门质量情况，激励员工的竞争意识，找出差距，迎头赶上，这样有利于工作的开展。

6. 争取一次就成功

"Do it right the first time!"（一次就成功），这句话在美国企业广为流传。这是企业管理者对产品质量严格的要求。

如果企业第一次就把事情做好，那些浪费在补救工作上的时间、金钱和精力就可以避免。一次就成功是达到产品完美无缺这一目标的最理想做法。

为加强质量成本控制，必须做好不合格品的统计分析工作，做好不合格品的处理工作，建立不合格品的档案等。特别要注重设置产品缺陷改进记录本，将解决质量问题的措施记录下来。让大家明白还有哪些原因会产生相同或类似缺陷，以便在以后的工作中防止此类事故再次发生。同时也可以让员工学到解决的方法和技巧，提高员工的技术水平，从而控制返修费用、降低损失。

加强质量管理为社会提供优质产品，是企业经营管理的一项重要内容，是提高企业竞争能力的前提条件。每位产品设计者、生产者及生产经营管理者，都应从社会责任角度出发，积极参与到质量成本管理中去，打造产品的"零缺陷"，这样也可以降低企业成本，提升企业生产效益。

质量成本控制的3个原则

我们知道，生产任何产品都要消化和占用一定的自然资源、人力资源和财力资源。在一般情况下，要提高产品质量、延长使用寿命，或节省使用成本，就需要支付一定的经济代价，如支付研究实验费用、提高职工技能培训费用或增加检验工作等，从而增加了产品成本。因此，有些企业家认为既然要生产高质量的产品肯定就要消耗更多的资源，只有投入的成本大，质量才会高。但是不顾质量成本，片面追求"高质量"而增加资源，也会导致成本上升，经济效益受到影响。

有个老农种棉花的故事很能给人以启示。

老农为了让棉花产量增多，就把家中成袋的好化肥都用在几分地上，结果，连棉花的植株都被烧死了。老农后悔不已。这就是忽视质量与成本的关系所造成的错误。

老农的故事看起来很可笑，但是在企业中，有多少人就在扮演着老农的角色，你注意到了吗?

其实，产品质量与产品成本是既对立又统一，且有相互驱动、互为影响的关系，忽视任何一方，都会造成不平衡。

财政部文件指出："质量成本是指企业将产品质量保持在规定的标准上而需支出的费用，以及因未达到规定的质量标准而发生的损失两者之和。"

由此可见，虽然不赚钱的质量不是质量，但是不考虑成本的质量也无法赚钱。因此，企业要做好生产中的质量成本控制，必须树立质量成本导向的思想，做好质量成本控制。

质量成本控制就是指根据预定的质量成本目标，对实际工作中发生的所有质量成本，进行指导、限制和监督，及时发现问题，及时采取有效的措施。实施质量成本控制，可以在产品质量、成本和经济效益三者之间寻求一个相对平衡，统筹安排、全面考虑。只有生产出产品成本最低，又适合消费者需求的质量水平企业才能取得最高的经济效益。只有以尽可能少的资源占用和消耗，生产出社会需要的物质财富，企业才能获得更多的经济效益。

但是，以尽可能少的资源占用和消耗并不代表着使用质量低劣的材料，甚至减少必要的工序或缩短必要流程，使用低工资、技能差的人员从事要求高技能工作等，这样做就走向了反面。如果为了降低产品成本，使用劣质材料或者偷工减料，尽管生产成本降低了，但又会引起产品质量的下降，反而会造成产品使用过程中成本的增加。

有些管理者认为既然要为消费者提供高质量，那么就向高标准看齐，一切追求精致、经典。如果不顾消费者的真实需求和使用的需要，盲目追求高精度、高性能，高级、优质、高档化，结果不仅增加产品的生产成本，还导致产品价格昂贵，并不一定会令顾客满意。比如有些开发商开发的豪华高档公寓别墅等，完全与中国的国情不符。这些过高的质量消费者并不满意。

这种由于提高成本而造成的利润减少的损失，称为过剩质量损失。由于设计者给产品规定了过高的精度、强度，无用的功能、结构等，会增加产品的流转时间。较长的流转时间，意味着在应对客户喜好的变化和向市场推出新产品时间的较长延迟。结果，不仅形成了过剩质量，而且还会由于价格昂贵竞争失利而减少产品销量。这在某种程度上也会造成产品失调，影响行业的发展。

再次，在制造过程中，过分精确的加工也是一种浪费。它会造成不必要的人工浪费，使用多余的作业时间和其他设备，使额外的人力、生产资源、水电等费用增加，加工的管理工时也相应增加。因此，从这种程度上说，过高的不符合消费者需要的质量也是浪费。因此，要改变以上这种质量、数量和成本不符的情况，必须对质量成本进行控制。

1. 选择产品方向是控制质量成本的前提

要控制质量成本，首先要生产适销对路的产品，应明确产品为谁服务，即满足社会哪方面的需求，为精英阶层服务还是为大众服务；是为生活消费服务还是为生产建设服务等，需要细分目标市场。明确了这些以后才能制定出生产的方向。如果不顾自身实力盲目追逐潮流或者简单地随大流，即便质量没问题，但是市场开拓不力或者竞争不过那些规模大的企业，也会增加生产的成本。

因此，企业生产要把握好自己的方向。生产制造型的小企业尽可能选择对消费者必不可少的产品或劳务，选择服务性强和重复使用率高的产品；加工企业可以选择以大企业为依托，生产大企业所需要的配套零部件；直接为大企业供货，可节省对消费者的零销费用。

小企业的生产周期往往都比较短，而且小批量生产对生产设备和生产技术的要求不高，虽然这样利润较小，但更容易保持较低的库存，减少产品的积压，加快资金流通速度。

2. 建立用户质量保证机制

随着现代化质量管理的发展和现代企业管理的进步，企业的质量标准也在与时俱进。在市场经济条件下，产品合格达标远远不是企业的追求，产品的质量必须给用户带来价值，即产品的功能应能够满足用户的使用，达到一定的用户满意度。因此，企业要控制质量成本不仅需要在内部制定质量标准，也需要建立外部质量保证机制，特别是在企业与下游销售商之间订立质量保证，防止质量过高造成的成本浪费。

比如，宜家的桌子下面的支撑木条与桌子相连接的地方就是空白的，没有用油漆。因为用户不计较这些。对宜家来说，可以节省油漆成本，也可以让利给消费者。

只有根据用户的接受能力和消费者的经济承受能力生产出符合他们需求的质量，才能最大限度地节约企业的成本。那样才会适销对路，减少库存，加快资金周转。

3. 批量生长差异化

产品适销对路后还需要控制产品的规模，避免大量投放市场造成的价格过低或者超出消费者接受的数量而积压。特别是那些大批量定制生产的企业，生产线一旦启动长时间运转，会在很短的时间内生产出大量的产品。如果产品销量快这种生产方式无可非议，如果产品滞销就需要变化方式，否则，处理不好就会增加产品的质量成本。

通常，采用大批量定制生产方式的企业在竞争战略上大多选择差异化战略为主。具体做法是企业通过一系列的产品模块化设计和生产来获得产品市场，再按照消费者对产品的个性化需求重点选择恰当的模块进行最经济的成本"注入"，获得良好的经营业绩。

以服装生产来说，他们会恰当设定大众服装型号的模块化设计，采用自动装配线降低生产成本。但是，也可以根据消费者的需求适当生产一些特殊型号的服装。因为这些服装的用料都相同，因此也可以降低生产成本。这样就形成了差异化和成本领先的双优势。

总之，质量成本控制是保证各项质量成本管理活动达到计划效果的手段，是推进改善全面质量管理和经营管理的动力，也直接影响到企业的总体发展。因此，企业应重视市场的调查预测，把握好产品的发展方向，打造出既符合行业标准又符合市场需求的质量水平，能使资源的利用程度最优化才是质量成本控制的目的。

原材料成本控制的7个要点

原材料成本是指产品制造过程中消耗的原材料价值。

随着科学技术的发展，投入的设备越来越先进，需要的人力越来越少，原来的材料、人工、制造费用三分天下的情况已经慢慢地变成了原料和制造费用为主的结构。在有些自动化高的企业材料成本甚至占到50％以上，在其他行业中占30％~ 70％不等，而且材料成本的比例还有不断加大的趋势。因此，控制好原材料成本，也是企业减少浪费的关键。

1. 把好材料的质量关

原材料质量直接决定着产品的质量。要保证产品的高质量，就须从原材料进厂开始把好质量关，从源头上抓质量。

2007年，肉价一涨再涨，于是市场上出现了注水猪等一些有损老百姓健康的次品猪肉。作为烟台最大猪肉供应商的龙大集团，面临着激烈的市场竞争和成本压力。

为了对消费者负责，龙大集团大力引进一些先进的设备检测体系对原材料进行严格把关。不仅对猪肉而且每天对蔬菜的原料、半成品进行多达

39项的农残检测，还对添加剂、微生物、理化指标再检测。检测合格后通过食品安全科确认后进入加工流程，不合格的批次只能作废。

由于从源头上把好材料的质量关，烟台龙大集团不仅受到消费者的欢迎而且还成为各个销售商的首选供应对象。

2. 限额领料

对原材料的发放是降低原材料成本的一个关键问题。若此过程把关不严，不但使原料利用不当，材料消耗定额也将失去指导生产的意义。

台湾省企业家王永庆一再强调，要谋求成本的有效降低，就必须降低原料使用成本，并建立确切的原料使用定额标准。要从源头上降低原料使用成本。限额领料制度也可以有效地控制材料发放和利用。

限额领料制度也称为定额供应制度。具体做法是由企业的生产计划部门根据月度生产计划、材料消耗定额等情况，核定当月或一定时期的领用限额。限额领料有利于物资部门掌握生产现场的物资耗用情况，提高物资管理水平。

限额领料的发放方法是：

由物资的使用部门按计划填写"领料单"，"领料单"一般一式两份，一份交给领料部门，一份交给发料仓库，作为领料和发料的依据。生产车间只能在规定限额之内分期分批领用，超过计划的产量或补废品用料，需经批准方可发料。

仓库发料时在两份"领料单"内填明实发数，并计算出累计实发数和限额结余数。根据"限额领料单"登记材料明细账。月末，结出实物数量和金额，交由会计部门据以记账。

由于超定额使用材料而发生超额领料时，则必须由领料部门提出申请，经生产计划部门或财会部门严格审核，并填写领料单后，仓库方能发料。领发代用材料时，应在限额领料单内填明代用数量，相应减少限额余额，同时注明领料单号数，以备核实。

3. 减去产品中多余的原材料

产品的冗余部分也会增加原材料的成本，也是企业不必要的支出部分。减少这些原材料的冗余产品，同样能为企业带来可观的利润。

1998年，福特公司因为实施了成本控制战略，获利66亿美元，福特公司成本控制的具体做法是，对汽车的各个部件的成本进行控制。例如，汽车的座椅套原来是由3块布拼起来的，全部做完需要3个工人，有人做椅垫、有人做椅背、有人做扶手等。现在只需1块布和1个工人。这个改进使得每辆车大约节省30美分，而福特公司每年的产量为680多万辆，其节约的成本当然是非常巨大的。

4. 开发廉价替代原材料

高成本时代企业既要保持利润又要保证产品价格稳定，就需要开发廉价替代原材料。一旦找到替代材料就等于找到了降低成本的良方，成本压力就会成为发展动力。

开发廉价替代原材料，是最根本的化解成本压力的方法。把新材料的价值传递到现有产品上就变成了产品的新价值。

比如，现在空调产业技术相当成熟，很多空调生产企业都面临成本压力，奥克斯空调就通过技术创新消化成本上涨因素。比如，它们研发的铝替代铜的新材料替代技术，可以满足市场的不同要求。尽管铝的很多性能还有待开发。但铝替代铜材料的技术创新能力企业降低成本取得极大突破。

企业开发廉价替代原材料，不仅能抵御市场风险，持续经营自己的产品，而且也可以淘汰高能耗、高物耗、高污染的行业。

5. 全员成本管理

全员成本管理就是把每个人的成本控制效果与总成本控制效果关联起来，个人的晋升与发展也与这些贡献相关联，从而形成了彼此互动的良性循环，人人关心集体的企业文化。

20世纪90年代中期，钢材市场不景气，而全国钢厂众多，市场竞争十分激烈。邯郸钢铁公司认定只要成本低于同类产品就能在竞争中取胜，于是他们把成本目标按市场客观要求确定下来，又把总成本目标分解为10万个分目标、子目标，并把这些目标分摊到近3万名职工头上，并与奖金挂钩，使职工都能认真地对待成本控制。

全员成本控制，按照成本只有一个责任人的原则确定每一道工序、每一个层次、每一个环节、每一个岗位的成本责任人，将成本控制渗透在工作的各个方面，与每一位员工的利益息息相关，从而消除成本控制的"死角""盲点"，提高成本管理绩效。

6. 成本倒流

成本倒流就是以市场为起点，从产品在市场上被接受的价格开始，最终核定出先进、合理的目标成本。

邯钢公司根据一定时期内市场上生铁、钢坯、能源及其他辅助材料的平均价格编制企业内部转移价格，并根据市场价格变化的情况每半年或一年作一次修订；各分厂根据原材料等的消耗量和"模拟市场价格"核算本分厂的产品制造成本，也以"模拟市场价格"向下道工序"出售"自己的产品。

比如，第三轧钢分厂测算出原燃料消耗，各项费用指标等在吨钢成本中的最高限额，然后把这些指标，（小到仅0.03元的印刷费、邮寄费，大到840多元1吨的铁水）横向分解落实到科室，纵向分解落实到工段. 班组和个人，层层签订承包协议，并与奖惩挂钩，使全厂形成纵横交错的目标成本管理体系。

至于技术部门，他们也把总成本分解到了生产线的效率上，技术人员要为生产线效率指标负责，于是技术人员纷纷开动脑筋，对生产线进行技术改造。

成本倒流遵循客户导向，由市场定价，成本倒推，从而在产品设计初期就注重降低成本，使企业在激烈的市场竞争中占据成本优势。该方法不是单纯地压缩成本，而是通过价值工程分析确保产品的价格性能比足以吸引人，通过成本表压缩一切多余成本。日本产品之所以能在欧美市场纵横驰骋，倒流成本起了决定性的作用。

7. 变废为宝

充分利用原材料减少浪费，需要使用好原材料的每个部分，即使是废旧物品，也不一定都要处理掉，把那些有一定使用价值的挑选分类，争取稍加修理后能够变废为宝。

俗话说，"巧妇难为无米之炊。"原材料在企业的生产过程中举足轻重。特别是在原材料价格日益高涨的时代，通过各种措施控制原材料成本是提高企业生产效益的关键，也是合理利用原材料、节约资源和能源的关键。

设备利用率的改善措施

一个企业最大的投资是设备投资。在一般企业中，设备投资常常在总投资中占较大的比例。随着科学技术的迅速发展，企业的设备数量在不断增加，制造企业的设备投资更是庞大。设备能否充分利用，直接关系到投资效益。

设备不像原材料，生产出产品就可以销售，利润倍增。设备会随着时间的增加日益陈旧老化，单是维修就需要投入很多成本。如果设备闲置，不仅仅会影响企业现金流，同时固定资产的折旧也会导致价格竞争力的下滑。因此，要充分发挥设备的效能，不断提高利用效率，这样不仅可以增加产量，而且可以降低企业的设备投资成本。

某省级电信运营商在很长一段时间内，很多服务器的CPU使用率只有20%。随着设备购置费用、空间使用费用和电力费用等都呈直线上涨趋势，设备的低利用率造成了资源的大量浪费。在一次系统升级中，他们通过引进新技术将设备利用率一举提高了8倍，节省了设备购置成本和两个机房的利用率。

在你的企业中，如果发现某台机器的使用效率只发挥60%，而其他机器则达到了90%的使用效能，那么这台机器将影响到整个生产线的产量，有必要提高它的有效利用率。当然，有效利用不是生产多余的产品也不是空转，而是要生产出确实有价值的产品。

要提高设备的利用率，可以采取以下措施：

1. 改进现有设备性能

要提高设备利用率，改进现有设备的性能也可以有效节省加工成本。许多企业尤其是中小企业，由于受资金限制，没有购买先进生产设备的能力，因此，提高现有设备性能是一个可取的方法。

洛克菲勒年轻时在美国一家大型连锁加油站做加油员。当时，老板正在使用的加油枪不是给顾客多加油，就是在加完油后溢出一些多余的油，给加油站带来不小的损失。

于是，洛克菲勒找来一些报废的老式加油枪，拆开来细心钻研。经过努力，洛克菲勒终于研制出一种新式的加油枪。3个月后，洛克菲勒把老式和新式的加油枪性能做了一番对比，结果令他很兴奋：在卖出同样多油的情况下，用新加油枪省下来的油有10升之多。老板欣喜之余，果断地把老式加油枪全部都换上了洛克菲勒发明的新式加油枪，当年就有了可观的收益。

对于加工型企业来说，加工成本是企业生产产品的重要支出成本。提高现有设备性能就能够降低产品的加工费用，也能为企业节省一大笔制造费用。

比如，邯钢第三轧钢分厂发现，仅卷线机修卷减去的线材头尾一个月达上百吨，由此造成的损失超过6万元。

为了降低成本对卷线机进行了技术改造，在充分保证包装质量的前提下，轧用量降低了40%，吨材成本下降8元。其他流程环节也纷纷采取不同手段降低成本。

2.保证设备的安全性

设备的安全性是保证企业安全文明生产、工人人身安全、避免事故的重要条件。有些企业不顾设备的生产能力和承受能力，一味扩大生产，自然增加了设备运转的负荷。设备在超负荷运转的情况下就已经埋下了安全隐患。因此，要让设备安全生产，需要计算出车间现有机器设备和生产面积的生产能力和生产任务对比。如果能力不足，要采取措施，使生产任务和生产能力平衡。

3.降低能耗

能耗是设备的重要经济考核指标。

降低产品能耗的途径一是降低能耗集中部位的优化设计；二是考虑能耗的综合利用来提高设备的能源利用率，提高单位时间的产量，达到节省能源的目的。

4.做好设备维护

要想让设备正常运转，必须要做好设备维护。特别是自动化设备因其生产效率高、运行速度快等特点，因此应该有专门的人员守候，以便能够及时报警迅速予以排除，减少停机时间。

5.更新设备

有些企业的设备由于陈旧落后，影响了生产效率，此时就需要准备购置新设备。如果已决定设备必须更新，就应决策如何进行更新。那么，怎样确定设备的最佳更新期呢？

最佳更新期主要取决于维修成本的发生情况。设备的年平均使用成本将于大修时达到最高，然后逐年减少至下次大修。因此可在某次大修前更新。如果维修成本是逐年不变的，此时，设备的自然寿命即其经济寿命。

大多数情况下，维修成本将逐年增加。

即便是更新设备也不一定都购置新设备。

奇瑞汽车厂迅速崛起的一个重要原因就是利用社会存量来节省设备投资成本。奇瑞发动机厂用的是从福特英国工厂购买来的二手设备，奇瑞的冲压设备也是从济南第二机床厂买来的。所以，奇瑞虽是一个新建厂家，但充分利用了配套体系的产能剩余，不用另起炉灶，便可以获得发展。奇瑞起家时的预算为20亿元，结果只用了17.52亿元。

6.用产品换设备

与收购国外企业或者生产线相反，格兰仕没有投资固定资产，而是将别人的生产线一个个地搬到了内地。

以微波炉的变压器为例，当时从日本的进口价为23美元，从欧洲的进口价为30美元。梁庆德对欧洲的企业说："你把生产线搬过来，我们帮你干，然后8美元给你供货。"又对日本企业说："你把生产线搬过来，我们帮你干，干完后5美元给你供货。"于是，一条条先进的生产线都逐渐搬过来了，大大节约了固定资产投资，成本也大幅度降下来。

加之双方的工资水平、土地使用成本、水电费、劳动生产率等相差较大，因此，格兰仕获得了其他企业无可比拟的总成本优势。

提高设备的利用率，改变购置固定设备的方法，都可以把固定成本变为可以流动的可变成本，降低生产成本中比例最大的开支。

控制成本要树立创新意识

在生产制造的过程中，设计是一个关键环节，它直接影响了产品的选材、工艺、储运等环节，对价格的影响很大。因此，在设计中就应该考虑到怎样设计才能降低产品的销售价格及制造成本。

设计当然离不开创新。一般来说，当市场压力不太大、现有的成本水平还足以维持企业生存的利润空间时，企业一般不会花太多的精力去创新。一旦市场压力大，只靠节约和控制成本降低的空间很小时，更需要创新来深挖利润。

一向以创新意识著称的海尔集团总裁张瑞敏曾经说过："创新存在于企业的每一个细节之中。"海尔集团每年仅公司内以员工命名的小发明和小创造就有几十项之多，并且这些创新已在企业中发挥着越来越明显的作用。

宜家家居也是不断通过设计创新，巧妙地通过设计把低成本与高效率结为一体。宜家家居的设计理念是"同样价格的产品，看谁的设计成本更低"。

为了可以自己控制产品的成本，宜家一直坚持自己设计所有产品。100多名设计师在设计新产品的时候激烈竞争，竞争集中在同样价格的产品"谁的设计成本更低"。竞争焦点常常集中在少用一个螺丝钉或一根铁棍上，或者更经济地利用一块塑料板等。这样不但能有效降低成本，往往也会产生新的创意。比如，为了减少成本，桌面下方用于固定支撑的木条中间是空的，把它安到桌子上，会最大限度地减少对桌子的损伤，而且价格也非常低。

正因为宜家在设计时就考虑了降低成本，因此，宜家的产品很有竞争力，也很受消费者的喜欢。

在丰田公司，一名设计师发现汽车门把手零件过多，于是他对门把手进行了重新设计，使门把手的零件从34个减少到5个，这样一来，采购成本节约了40%，安装时间节约了75%。

由此可见，产品设计的合理化，同样能为企业节省出成本。那么，怎样设计才可以节省设计成本呢？

1. 设计注重市场调查

产品的研发设计固然需要有专业团队，但是也不能闭门造车，必须到消费者中听取他们的意见。如果只是为了凸显自己的特长而一味追求新奇、别致，未必就能受到消费者的欢迎。如果为了赚取更多的利润而把数量放大、增多，试图都打包销售，最后只能是一件也销售不动。特别是在新产品的研发中，可能会因技术等方面的原因而使得规格不合理，不符合消费者的需求。进入市场后既增加了生产成本，也提高了销售价格。所以，在新产品的研制过程中，一定要注意前期的市场调查，对规格进行合理改进，同时使产品的价格趋向合理。

1976年，日本的索尼公司做出的激光唱片售价高达200美元，但市场很难接受。可是，索尼公司才刚刚够本，因为他们的唱片尺寸是12英寸，播放时间长。

3年后，荷兰飞利浦也开发出激光唱片，并且希望能和索尼谈一下标准尺寸的问题。等飞利浦人员拿出一张只有4.5英寸的激光唱片时，索尼人员大吃一惊。足足比自己的12英寸小了一半多。这个尺寸销售受欢迎吗？

飞利浦人员告诉索尼，这种尺寸的唱片投放市场反应很好。因为激光唱片研究小组的召集人曾问过柏林爱乐交响乐团指挥，一张唱片的播放时间最好多长，回答是能放下贝多芬第九交响曲。所以，他们才决定做成4.5英寸大小。

索尼听后大吃一惊。飞利浦在设计中就如此重视市场的前期调查，这是他们所欠缺的。此后，经过合作，索尼和飞利浦联手推出了4.5英寸的唱片，共享激光唱片市场开发带来的丰厚利益。

2. 借助外脑

在竞争激烈的时代，新产品推出的速度也是制胜利器。因此，企业都希望能尽快缩短设计到产品的过程，尽快占领市场。但是，设计是需要花费相当的精力和时间的。如果企业不具备一定的设计能力，也可以采取借助外脑的方式减少人工成本。

日本有家公司为了使自己的产品在市场上推出时有竞争力，决定设计新产品。可是，整个设计过程有时要花上16周甚至更长的时间。因此，必须想办法来缩短整个设计周期。

为解决这个问题，该公司建设了一个叫"项目网"的网站，它可以在上面与所有供应商共享产品的信息，结果，使整个设计周期缩短到了3天，大大降低了本来很昂贵的设计成本。

3. 创出新意

创新当然离不开独特的创意。对于设计人员来说，创意就是别具一格地降低成本的法宝。

古井贡酒最初使用的是4单盒包装，每个盒子成本是1.8元。4瓶酒的包装盒成本就是7.2元。后来他们开发出一种组合包装形式，用一个大盒子装4瓶酒。如此一变，这4瓶酒的包装费就省掉2.8元。既方便了用户，又卖出了更多的产品。

产品的包装不论在生产还是在销售环节中都很关键。如果能科学合理地设计包装，以更经济、更合理的包装取代旧式包装，不仅能够直接节省包装成本，而且还可能带来其他的收益。甚至可以与供应商、消费者一起达到共赢的目的。

一家规模不大的彩纸盒生产企业，由于包装客户的要求，一张纸只能拼4个盒子，每次纸张在模切后浪费很大。但是这是一个重要客户的订单，他们尽管承受着很大的成本也不愿因此失去客户。后来，设计人员给客户提出修改5mm左右的建议。这样，一张纸可以拼5个盒子。这对客户的包装并没有什么大改动，客户欣然同意了他的提议。结果，这个小小的改动就使双方都节省了一笔支出。

产品的设计创新虽然以技术设计人员为主，但是更需要把员工的经验融入其中，员工是接触客户的一线人物，他们的建议往往具有实用性。因此，要想方设法激发员工的创新热情，为企业生产献智献策，为企业生存发展增添动力。

总之，在技术差异逐步缩小、产品日趋同质化的冲突下，迫使企业在运营方面进行更多的变革。如果说传统生产方式是以标准化、规模化、效率化和层次化为主要特征的，而新经济方式追求的是差异化、个性化、网络化和速度化。因此，企业需要提升自己的生产、设计、工艺水平，以最低的成本推动产品的更新换代。

合理控制研发成本

20世纪90年代以来，科技热潮席卷世界。于是，通用电气、康柏、摩托罗拉、朗讯等一系列国际知名的大公司，在各自的领域内大搞科技创新，大量的投资砸向"科技和互联网"。可是，当网络泡沫破灭，这些企业因研发投资过大，资源浪费而遭到不同程度的重创。

在我国，甚至不少小规模民营企业也加入了研发的大潮，结果，他们很快就发现力不从心。不是投入的巨额资金打了水漂，就是研发时间太长，研发结果出来已经落后于市场了。这些人力、物力、财力的浪费当然增加了企业的成本，甚至把企业原本盈利的主业也拖垮了，时至今日，还元气大伤。

研发通常都是决策者做出的决定，因此，决策者对于研发要有个清醒的认识，不能为了追求未来的高利润就意气用事，也不能随大流。根据企业的实际情况和自身的实力决定研发规模是很有必要的。

1. 不和对手拼研发

我们知道，凡是搞研发的企业不是尖端行业就是大规模的公司，但是即便是尖端行业，也未必都要建造庞大的研发队伍，亲自去研发新产品新技术。聪明的决策者都懂得节省研发费用的高招。

在IT业，戴尔公司通过巧妙地与其他公司合作来达到既开发了新产品，又节省了开支的目的。

当时，整个IT业都在比拼研究与开发，IBM公司和微软公司的研发投入都达到了营业额的5%，阳光公司每年的产品研发投入也达到约18亿美元，而此时的戴尔研发预算还不到5亿美元。可是，戴尔绕过了技术的门槛，集中力量做市场和整合供应链。戴尔将主要精力用于如何满足客户的需求，通过直销、标准化、零库存等经营策略，占领市场的有利位置。因此，有人戏称戴尔是没有技术、没有质量，只有数量的公司，但戴尔公司却认为："我们有技术、有专利，我们的技术和专利主要集中在业务流程管理方面。"

是啊！技术不一定都在生产制造领域，在运营领域、包装自动化等方面不也有一定的技术含量和创新吗？戴尔，由于其成功地占领了市场份额，并对市场的研发资源进行了整合而异军突起。

2.站在巨人的肩膀上

在IT业，研发投入的50%来自微软、英特尔等公司，而戴尔正是借助微软、英特尔的研发力量，把自己的精力集中在做市场上，这样既节省了研发经费，又能在快速发展的市场上不断推出高品质的产品。

如果戴尔没有和这些公司深层次的战略合作，戴尔公司的低成本战略就要大打折扣，甚至将失去竞争力。

3.削减研发费用

如果研发规模和研发队伍庞大，占用了公司30%以上的资金，而且不能按照计划实现项目的预期投产，那么就应该挥动利斧，砍掉这个项目，或者把其中比较乐观的分支项目与其他项目合并开发，否则，你一时的犹豫会把企业拖入沼泽地，永无翻身之地。

至于由于大环境改变影响到研发的进程时更应该马上停滞。爱立信公司就是在互联网泡沫中削减了全球100多家研发机构的90％。

4. 研发和生产及时嫁接

从黑白到彩色，从超平到纯平，到胶片电视，到互动电视，再到今天的高清1080P的数字电视，海信在每一次彩电变革时都领先行业3个月以上时间，消费者提前享受科技带来的实惠。海信平板电视在激烈的竞争市场中能够迅速制胜关键在于具备了技术品质、生产规模以及销售网络优化等独特的优势。海信拥有强大而快速的研发团队，而且他们研发成功后可以在企业内部快速投入生产。随着核心技术研发的成功带来了海信平板电视生产能力的迅速提高，在节约生产成本的同时，科学、合理地调节产品的市场价格，从而在适应市场竞争方面更具灵活性，为市场决策的顺利实现奠定了基础。

有些企业的规模和实力并不比海信差多少，但是因为从研发到生产过渡的时间太长，从而错失占领市场的先机。对于不具备海信这样研发的规模和实力的企业来说，也同样需要提醒自己注意研发和生产及时嫁接。

优秀的设计是项目盈利最基本的保障。设计采取什么技术、选用何种材料以及研发的时间等与产品的成本有着直接的关系。作为新形势下的研发成本管理，除了必须提供适销对路的研发项目外，还应该合理控制开发成本，让利给消费者。所以，合理控制研发成本也是企业在竞争中取得优势的重要法宝。

改造生产流程

有些企业总是千头万绪理不顺，不是采购忙乱不堪，就是新产品设计没有经过相关部门审批，造成车间的停工和零件报废、返工多。要不就是订单交期大量延迟，客户抱怨。或者工人们不是闲置等待就是做完一项工作要经过很多重复和不必要的过程，因此感觉麻烦、啰唆、无用功太多。这就是因为流程设计不合理造成的。

如果你的企业中有这些现象，就应该是再造流程的时刻了。

一般生产型企业，生产流程可以分为加工、搬运、储存和检查4个过程。

（1）加工包括加工人数、加工批量的大小、工人使用的设备、模具、工夹具、辅助材料的时间及放置地点是否合理等。

（2）检查检测包括在何处检查、检查内容、所需时间等。

（3）搬运包括什么时间搬运、由何处搬运、运至何处、距离多远、用什么工具搬运、搬运批量的大小。

（4）储存包括储存多少、摆放位置等。

从企业内部来说，成本能否再降取决于工艺技术的成熟程度。如果工艺技术还只是探索改进阶段，成本的降幅与工艺技术的提升成正比；如果工艺技术已相当成熟，成本就没有多大的削减余地了。这时候，就需要寻求工艺流程的全面突破。

1.重新调整生产布局

任何一个环节过多或者布局的不合理等，都会延长工作流转的时间。因此，再造流程需要从企业的生产布局入手。比如，在机加工车间，一个零件先要冲压，再经过磨光等几个工序，然后还要再经过冲压工序。如果冲压车间和机加车间距离太远，员工就要反复跑上两次去冲压车间。既浪费他的工作时间又降低他的工作效率。如果零件过重，他还要付出很多体力去搬运。而如果按照工艺流程设置的话，冲压机就会放置在磨光机最近的地方，这样基本就不需要搬运，也不需要反复跑两次了。

现在很多的企业车间都是按照机器设备的功能来设计的，但以工艺流程的观念来看，应该根据实际情况来设计机器设备的放置位置，应该考虑工作的效率，而不是为了管理的需要将相同功能的机器放到同一个区域。

另外，也要保证搬运的距离最小。

很多企业为了安全起见，把仓库和车间远远分开。有时，工人为了领一趟料要花费很长时间。如果是急用材料，无疑会耽误工作流程的进度。这也是生产布局不合理造成的。所以在设计仓库及仓库中各类物料的摆放位置时，应考虑搬运的快捷、方便。

2. 避免等待浪费

业务流程当中制约太多，员工会感到自己不被信任，会缺乏负责和主动工作的态度，工作积极性就会很低落。但是过少的制约也会给一些私欲比较强的员工谋私的空间。他们会利用这种约束和制约少的空挡在工作中为自己谋私。这同样会耽误时间，造成工作效率低下。因此，最好的做法是找一些关键制约点对工作进行制约，而不是过多、过细地进行约束。比如，计件工作可以按照数量来衡量员工的业绩；计时工作可以按照时间来考核他们的业绩等。如此，就可以保证工作效率。

为了解决人员和设备等待浪费的现象，福特式的"总动员生产方式"被很多企业采用，即一半时间人员和设备、流水线等待零件，另一半时间等零件一运到，全体人员总动员，紧急生产产品。这种方式造成了生产过程中的物流不合理现象。

另外，丰田汽车控制生产成本的具体方式是实行JIT（及时制）。JIT指的是，将必要的零件以必要的数量在必要的时间送到生产线，并且只将所需要的零件、所需要的数量在正好需要的时间送到生产线。

3. 加强工序的质量控制

工序质量控制就是要保证工序能稳定地生产合格品，并使工序质量的波动处于允许的范围内。工序质量控制的目的就是在不合格品发生之前发现问题，及时处理，防止不合格品的继续发生，使废品率控制在较低的水平，从而控制质量成本。

例如，邯钢第三轧钢分厂生产的线材，当时每吨成本高达1649元，而市场价只能卖到1600元，每吨亏损49元。经过测算，这49元全部让第三轧钢分厂一个生产单元消化根本做不到。如果从原料采购到炼钢、轧钢开坯和成材，各道工序的经济指标都优化，就可以达到节省成本的目的。

4.多品种少批量生产

许多规模大的企业生产线要么不开机，要么一开机就大量生产，这种模式导致了严重的资源浪费。丰田公司采取的是多品种、少批量、短周期的生产方式，大大消除了库存，优化了生产物流，减少了浪费。

丰田汽车公司要求各个工序中的生产在数量和时间上要相同。生产线上全部工序的周期或者间隔应该相同，但是各个工序实际的作业时间因作业者的技能和能力稍微会有不同，也会出现一些差异。为了让这种差异达到最小，现场监督者或者部门经理必须训练作业者牢牢掌握标准作业的能力。

5.标准作业

做好标准化工作，要围绕产品质量标准，建立原材料标准、半成品标准、备件标准、工艺标准和检验方法标准一整套标准，并严格贯彻执行。

6.适应市场需求"直接做"

企业在流程再造的过程中，必须具备系统的观点，追求企业整体流程最优化，不是要求每个环节都是最优的。因此，再造生产流程最关键的是要打破以条块分割的职能管理思想，不能仅从自己管理方便的角度出发，也不必"等待向领导请示后再做"，而要以客户导向的宗旨来衡量公司的所有流程绩效，针对客户的要求"直接做"，这样就会大大提高流程的积极性和回应市场要求的速度。

海尔在流程再造中就是推倒过去的金字塔结构，对所有流程进行了全面的、突破性的重新设计。为了能针对客户的要求"直接做"，他们对流程的设计不是依靠"分工"和"职权"来运作，而是根据工作流程间的"配合"和"衔接"关系来运作，不同的业务流程之间通过市场链结合起来，并在基层设立了对流程工作全面负责的流程员工和流程团队。这样就保证了整体流程的再造和管理，大大降低了生产成本。

流程再造的目的是为了提高资源的利用率、提高生产效率；降低投入、降低损耗。因此，生产中的每个工艺点、每个工序环节、每个工作细节，都大有削减成本文章可做。如此，也可以减少人力成本支出，提高各个流程的效率。

重视生产作业标准化

在一个企业中，作业标准非常重要。如果工人作业不标准，影响不仅仅是成本方面，可能会影响到一个企业的业务甚至企业的生存和发展。可是，许多管理者却没有引起高度的重视。

在生产型企业，请看非标准化作业会造成怎样的浪费：

1. 两手空闲的浪费

由于某些机器运行的原因，工作人员仅仅在开始和结束时进行操作，当中的时间一直处于空闲状态，如将作业表放在复印机上复印，每张复印20页，放完稿以后，作业者就等待机器复印，等机器复印完后将原稿取下。在机器工作时他处于双手空闲的状态。

2. 单手空闲的浪费

有的机器只需工作人员一只手即可操作，另一只手就处于空闲状态，这也是一种浪费。

3. 作业动作停止的浪费

观察作业人员在作业过程中，身体是否在做每个动作时都要停顿一下。如有，就是属于作业动作停止的浪费，因为停止、静止状态等于是在浪费时间，应设法让动作迅速、连贯地进行。

4. 作业动作太大的浪费

动作从左到右或从上到下幅度太大，距离过长，超出了最佳角度或高度，造成了浪费。动作幅度过大必然耗用的时间过长，多个这样的动作加起来就是很大的浪费。

比如，零件、作业位置太高，作业者要踮起脚才够得着。零件、作业位置太低，作业者要弯下腰去才够得着。或者作业点与操作人员之间角度超出适合范围，需要配合转身动作完成。

5.动作交替的浪费

由于操作习惯上的原因，有的工作人员不自觉的会用左手拿过来递给右手然后才安装，这些习惯性的转换动作其实是一种浪费，有人称为"前置"。

另外，动作之间没有配合好，动作之间有停顿和迟疑，缺乏连续性和节奏性也会造成浪费。

6.步行的浪费

从这一动作结束到下一动作开始需要步行去连接，一般指两个作业点之间距离较远。

7.不了解作业技巧的浪费

作业修正调整后不习惯或不熟练，出现有时候跟不上的浪费。

8.重复动作的浪费

同样的动作，两次以上重复操作；或一次可以完成的动作，分解成了两次，没有进行合并或简化。

在工厂中，工人只有以规定的成本和规定的工时生产出品质均匀、符合规格的产品，才能保证企业的正常运营。如果作业方法有所改变因此出现等待浪费的话，这些动作上的浪费看起来影响不大，但积少成多也是很大的浪费，而且往往导致作业时间的增加、劳动强度的增大，产品的质量和推向市场的时间都会受到影响。因此，必须对作业流程、作业方法、作业条件加以规定并贯彻执行，使之标准化。

如果说作业不标准的情况在粗放管理的时代并没有引起重视的话，在发展市场经济的年代，随着外资企业在中国的抢滩登陆，吹来一股精细化管理之风，标准化作业也日益受到人们的重视。标准化作业是对在作业系统调查分析的基础上，将现行作业方法的每一操作程序和每一动作进行分解，以科学技术、规章制度和实践经验为依据，以安全、质量效益为目标，对作业过程进行改善，从而形成一种优化作业程序，逐步达到安全、准确、高效、省力的作业效果。

　　标准化作业也是一种科学的工作方法。找到这种科学的企业生产的操作方法，将会大大提高工人的工作效率，创造更多的价值。

　　标准化作业之父可以首推美国的费雷德里克·泰勒，他是科学管理的创始人。他最可取之处就是不断在工作中进行实地试验，系统地研究和分析工人在操作方法和动作上所花费的时间，在时效比上做文章，逐渐形成科学管理体系。

　　1885年，泰勒对一个名叫施密特的熟练铲装工进行试验。他对施密特的每个操作细节都做了具体规定，如锹铲的大小、铲斗重量、堆码、铲装重量、走动距离、手臂摆幅及其他操作内容等。最后发现施密特在每一铲为21磅（约9.9公斤）时装卸效率最高。泰勒把施密特的作业以此作为标准后，其劳动生产率由每天2.5吨增至48吨。

　　泰勒对操作动作的分析虽有些不近人情，但对提高企业劳动生产率却十分有效，可以减少各种动作浪费，降低企业成本，从而增加企业利润。

　　要实现生产中的标准化作业，需要从系统的角度出发。因为在生产过程中，有些工人作业不标准是因为生产线上产品种类的切换、工序间不平衡、机器设备的故障，缺料、生产计划安排不均衡需要等待或者调整等原因引起的。因此，作业标准通常跟作业流程配套。这就要求企业将管理流程化、制度化，同时也需要系统地对员工进行培训，使之熟练掌握操作技能，告知他们操作规程。比如，在设备作业的流程中，附加设备的操作和保养作业标准，员工在上岗后就知道如何操作机器，如何保养机器，出了什么问题应该如何处理，在哪里找设备，找哪些部门协助等。

　　另外，标准化还需要按照"设计标准化、零件共用化、功能模组化"的思想进行必要的检查，这样才能保证产品的质量。

　　要加强标准化作业的管理，需要把企业内的成员所积累的技术、经验，通过文件的方式来加以保存，特别是一些核心部门的操作标准。比如，食品配方等。从而可以防止因为某些人员的流动或者变动，企业的整个技术、经验随之流失的现象发生。

在优秀的企业，任何工作都是按标准进行的。但是，任何标准化都没有一劳永逸或者十全十美的，因此，标准也需要根据工作的需要补充修订。那样才能保证标准的正确和有效，让生产在低成本、低风险的环境中运行。

预防安全隐患产生的成本

在企业生产过程中，存在着许多的安全隐患，员工安全意识薄弱，不懂危险；一些中小企业，往往生产条件和作业环境都比较差，设备陈旧落后，维修不及时等。这些都为安全事故的发生埋下了隐患。

安徽省当涂化工厂是安徽省民用爆破行业重点骨干企业，整体规模已居行业第一位。

2006年6月16日15时，位于当涂县的乳化药生产车间发生爆炸，造成16人死亡，24人受伤，直接财产损失达600多万元。而这起事故的发生是长期不合理因素的集中爆发。厂里的机器经常超负荷运转，报警器经常响，有时设备很烫手，按规定应该停止生产，但相关领导为了完成客户的订单，照样要求生产。为事故的发生埋下了隐患。结果，爆炸的巨大能量不仅使厂房彻底摧毁，其他设备也被冲击波损毁。

一般来说，如果企业的生产现场人多、设备多、物杂，意外事件发生的概率会比一般企业大得多。可是安全这种意外事故真正发生的机会又不大，所以很容易被忽略。但一旦发生意外，其后果却是无法估计的，不仅严重威胁到员工的生命安全，也威胁到企业的财产安全。企业将付出包括时间、金钱、物力、人力上的严重代价。所以工厂意外事件的防范，绝对不能掉以轻心。

员工既是生产实践的主体，又是事故危害的对象。为此，增强和规范职工的安全意识，提高职工的安全防范素质，提升职工的安全意识是做好安全工作的主题，是安全生产的目的，是职工安全维权、生命维权的重要工作。因此，在生产过程中，企业应时时提醒每位员工对安全生产的意识，从实际出发，根据不同工作重点，开展不同安全主题的安全生产宣传活动，营造"关爱生命、关注安全"的舆论氛围，并落实安全生产责任制，层层监管，步步落实。每隔一段时间，企业还对具体执行情况做一次评判，奖罚结合。同时，还需要在生产过程中采取一系列措施，让员工在实际操作中真正做到安全生产。

1. 警示标贴

在工厂的各个地方张贴安全标语，提醒大家重视安全，降低意外事件的发生率。

企业应当在生产现场入口处、设备操作处、临时用电设施、脚手架、出入通道口、楼梯口及有害危险气体和液体存放处等危险部位，设置明显的安全警示标志。

2. 完善岗位操作制度

有些安全隐患是因为职工操作不当引起的。

吉林双苯石化厂爆炸事故的直接原因就是由于当班操作停车时，疏忽大意，未将应关闭的阀门及时关闭，误操作导致进料系统温度加高，长时间后引起爆裂。随着爆炸现场火势增强，引发装置区内两个储罐爆炸。

再者如果员工违规操作生产出不合格的产品，则产品流入市场给企业带来的损失远远大于操作制度的完善所需的少量成本。所以企业管理者在进行成本核算时应该立足长远和未来，不能抱着侥幸的心理，采取急功近利或者杀鸡取卵的方式。这样最终会得不偿失。

因此，企业不仅要把岗位操作规范上墙张贴，而且还应该把危险岗位的操作规程和违章操作的危害也同样告知员工，教育员工遵守安全施工的强制性标准、规章制度和操作规程，正确使用安全防护用具、机械设备等。

员工一旦有了安全意识，就会对生产现场的作业条件、作业程序和作业方式中存在的安全问题提出批评、检举和控告，也会拒绝违章指挥和强令冒险作业。

3. 提供安全设施

特殊工种的工作，企业必须向作业人员提供安全防护用具和安全防护服装，并要求员工佩戴上岗。

4. 重视员工培训

有些企业认为培训员工会增加人力资源成本，因此，他们在企业的成本管理中首当其冲就是削减培训经费。而有些员工也认为培训是日常工作以外的额外负担，占用了自己的业余时间。

可是，如果平时不注重培训，即便发生了安全事故，员工也不会正确施救。

2007年山西一煤矿发生重大瓦斯爆炸事故，由于当事人没能及时报案，而是自行违规组织抢救，结果造成遇难人员增加，达100多人，损失惨重。

不仅只是山西煤矿的安全事故，发生在企业中无数的突发事件都反映出很多当事人根本不懂得意外事故抢救的常识。就火灾事故而言就有如下情况：一是不会报警；二是误以为消防灭火会收费；三是存在侥幸心理，以为自己能扑灭；四是怕消防队来了影响大，被追究责任。

由此可见，如果不在平时注意对员工的安全知识培训，一旦发生意外事故，抢救不当反而会增加危机处理的成本。因此，企业在平时就要注意加强对员工的安全培训，这样才能以较小的成本换来长期的利益和安全。

因此，企业应当对管理人员和作业人员每年至少进行一次安全生产教育培训，其教育培训情况记入个人工作档案，安全生产教育培训考核不合格的人员，不得上岗。

5. 密切关注员工的生活场所安全问题

有些安全事故是在职工生活区发生的，因为生活区离生产区距离近，因此殃及鱼池。

对于这种情况，企业应当将生产现场和生活区分开设置，并保持安全距离，生活区的选择应当符合安全性要求。对职工的膳食、饮水、休息场所进行定期或者不定期的检查，如果有安全隐患，及时进行消除。

6. 保护员工的生命安危

一旦在生产中发生危及人身安全的紧急情况时，作业人员有权立即停止作业或者要采取必要的应急措施后撤离危险区域。企业领导也要把员工的安全放在第一位，不能做出损害员工利益和生命安危的事情。

企业只有安全的发展才是健康的发展、和谐的发展。安全生产不仅可以降低企业的突发事故处理成本，而且安全生产也是以人为本的重要体现。因此，企业必须在平时的工作中持之以恒地抓安全工作，建立预警机制，把安全隐患消灭在萌芽状态，真正做到"安全发展，和谐共建"。

第四章 加强和规范采购成本管理

通用电气公司（GE）前CEO杰克·韦尔奇说："采购和销售是公司唯一能'挣钱'的部门，其他任何部门发生的都是管理费用！。"诚然，采购管理作为企业管理中的重要环节，在企业运营中，成本比重高、资金投入大、管理环节多。采购环节每降低1%，企业利润将增加5%~10%。激烈竞争的环境迫使采购必须在调整自身角色的同时超越现有的价值水平，必须在加强和规范采购管理上下足功夫。

企业采购作为一家企业成本控制的关键环节，对企业的生产效益产生直接的影响。高效地进行采购管理，关键在于两个方面：质量关和成本关。

遏制采购腐败的7个办法

在人们的印象中，企业的采购部门是个很有"油水"的职位。采购员在采购过程中请吃喝是家常便饭，至于其他K歌，洗脚，桑拿等，流行什么他们就玩什么，而且还可以神不知鬼不觉地拿到回扣。某些采购员因为拿了回扣就假公济私高价进货，结果吃了供应商，吃公司。

这还不算，里应外合是采购拿回扣的最高境界。比如，采购在外面开办工厂或者办事处，然后把其培养成为自己的合格供应商，企业大部分采购的商品都由自己的公司提供，慢慢就成了一个身价不菲的老板了。

既然采购位置如此"有油水"，不论在私营还是在国有企业中，采购员很多是老板的"皇亲国戚"。那么，有时候亲戚偶尔揩点儿油，罚重了面子上过不去；罚轻了，就不是揩油而是把"油坛子"都搬回去了。

　　麦德龙连锁超市因为坚持如实开具发票，一直受到部分采购人员的冷落。麦德龙"透明发票"遭到冷遇，实质上暴露了中国企业采购上的漏洞。很多采购员不愿到麦德龙购物，说白了就是因为没有为自己谋利益的空间。因为麦德龙超市的发票上清清楚楚打印着所购商品的数量、品种、价格、购物日期等，他们想在发票上"模糊"一点儿，根本行不通。有数字表明，麦德龙因此流失了不少客户，每年流失的生意不下3000万元。

　　由此可见，采购腐败是很多企业的普遍现象。为什么在企业中会出现大面积采购腐败现象呢？

　　在商品供过于求的今天，作为供应商，为了销售产品，各种名目的促销方式应运而生。其中的许多促销手段就是诱导采购人员购买他们的产品从中得到好处。巨大的个人利益使得一些采购人员不惜铤而走险，从而采购回一些质次价高的材料。那么，供货单位就可以牟取暴利，这比起出售假冒伪劣产品或搞缺斤短两来说不用冒任何风险。可是，企业却承担了很大的损失。采购腐败就像暗潮涌动的"管涌"一样，如果不加以遏制，就会把企业吞噬得元气大伤。

　　采购涵盖了从供应商到需求方之间的货物、技术、信息、服务流动的全过程。采购腐败为企业造成的损失仅次于决策失误的损失。有数据证明，挖出一个采购腐败的蛀虫就足以顶上100个工人甚至一条流水线生产换来的利润。正因为采购的位置如此重要，因此，提高采购员的素质，对采购员规范管理，控制采购程序势在必行。如此，在降低企业成本、加速资金周转和提高企业经营质量等方面都可以发挥积极而关键的作用。

遏制采购腐败，不同的企业都出台了不同的办法，主要有以下几方面：

1. 考核采购员的职业道德

在采购员所有的素质中，道德素养是被排在第一位的。随着采购行为在企业战略中的地位越来越高，良好的职业道德素养是成功的采购员必备的素质。更高的道德素质能够增强采购人员抵御各种诱惑的能力，从而减少因采购人员贪图回扣而采购质低价高物品的现象发生。

一些在行业中做得顶尖的采购经理大多具备很高的道德素养以及严谨的工作态度。比如，保持对企业的忠诚；不带个人偏见，从提供最佳价值的供应商处采购；规避一切可能危害商业交易的供应商，以及其他与自己有生意来往的对象；拒绝接受供应商的赠礼；在交易中采用和坚持良好的商业准则等。

为了考核采购员的职业道德，一些公司甚至还列出了一些土规矩，比如把采购员薪酬收入的百分之多少当作职业道德保证金暂扣，无违规行为年终统一发放。

2. 在采购中贯彻廉政制度

在全球零售巨头沃尔玛的采购中，沃尔玛要求其员工不得接受和索要供应商的任何财物，向沃尔玛员工送礼的厂商也将因此被取消合作资格；沃尔玛的员工到厂商所在地出差，所有费用都由沃尔玛负责，就算几元午餐费都必须付给厂商。因此，廉政成为沃尔玛采购成功的秘诀。

3. 让采购员没有谈判定价的权力

一般来说，大额采购可以通过严密的制度有效地杜绝采购员拿回扣，但小额采购一般由采购经理确定价格，缺乏多人监督，难免会出现私拿回扣的可能性。

如此情况下，采购经理可以派出采购员去联系供应商，根据采购员收集的资料和报价，确定几家合适的供应商，让采购员没有谈判定价的权力。在这样的严格操作下，回扣的"黑洞"就很容易被堵住了。

4. 健全采购监督制度

在很多企业中，采购过程，从选择供货单位、确定购买价格到签订购货合同等，均由采购部门全部负责，没有其他部门或人员参与或进行合理的、实质性的审核和监督，这当然给采购漏洞造成了可乘之机。因此，对采购部门的管理需要行政部门和其他业务部门的负责人参与监督。一般来说，重点采购哪个部门的用品，哪个部门的领导最有价格和质量的发言权。

5. 对采购人员进行绩效考核

对采购人员进行绩效考核，跨国公司有许多很成熟的经验可以借鉴。一般在年中和年初（或年底），跨国公司都会集中进行员工的绩效考核和职业规划设计。在考核采购员中，跨国公司交替运用业务指标体系和个人素质指标体系。其中，业务指标体系主要包括：

采购成本是否降低？

采购水平和技能是否得到提高？

供应商的服务是否增值？

采购质量是否提高？是否有效地支持了其他部门，尤其是生产部门？

当然，这些指标还可以进一步细化，如采购成本可以细化为：购买费用、运输成本、废弃成本、订货成本、期限成本、仓储成本等。把这些指标一一量化，与上半年的相同指标进行对比所得的综合评价就是业务绩效。可以说，这半年一次的绩效考核与员工的切身利益是紧密联系在一起的。在评估完成之后，跨国公司会把员工划分成若干个等级，或给予晋升、奖励，或维持现状，或给以警告或辞退。这样就有效地防止了采购员长期占据位置和供应商黑手交易的情况出现，可以把企业因此受到的损失减低到最小。

6. 采购员自己要端正认识

采购员和企业是共生的关系，只有企业得以发展才有采购员的用武之地，才有采购员的发展前途。如果认为有权不用过期作废而大捞狠捞，回扣只能带给自己一时的钱财，并不能长期抓住发展机遇。如果有湿鞋的那一天则得不偿失。

商界不时上演的某些采购经理因向供应商索要回扣而离职的事情。某超市采购经理就是因收受了百事可乐大量的"好处费"，大额采购百事可乐而压缩可口可乐的采购量，被可口可乐供应商举报而引致超市高层的盘底调查，最后终因难以圆场而东窗事发。一时的利益葬送了长期的发展前途，这些难道不令人深思吗？

因此，杜绝采购员回扣现象需要采购员自己端正自己的认识，提高自己的道德修养，严格约束自己。

7. 和供应商共赢

既然采购员吃"回扣"和供应商有关系，因此，企业也需要让供应商认识到价值链共赢的原理，这样也可以从源头上制止价格回扣的现象发生。

可喜的是，随着中国企业制度越来越规范，越来越多的企业开始认可麦德龙那种"透明发票"。因此，采购员靠地下交易吃"回扣"也会被杜绝。

随着市场竞争的加剧，企业从重视生产、营销已经逐步发展到重视采购、物流和供应链的时代。正因为采购如此重要，采购人员更需要端正认识，降低采购成本，把采购打造成企业的利润中心之一。为企业带来更多的效益而不是挖企业的墙角，这才是采购员的职责和义务。

规范采购程序从这4个方面着手

在企业中常常有这样的现象：不只是其他部门的人员，就是采购员自身，大多数对采购的理解也往往局限于"购买"和轻松地"花钱办事"，似乎与企业经营的战略和管理的绩效无多大的关系。这种不合乎国际运营规范的理念和封闭无知的认识，极大地影响了相当一部分企业的经营业绩和管理效率。

采购是生产经营活动的起点，采购物品质量的高低，将直接影响到产品的质量，采购物品价格的高低，直接影响到产品成本，进而影响企业的盈利水平。特别是企业之间产品质量相差无几的情况下，采购流程决定供应链的竞争力。采购流程是否规范，采购效益与效率的高低，直接决定企业的盈利能力和市场竞争力，决定企业的生存和发展。如果企业不重视采购体系的建立、流程的规范，如果采购员仍局限于原始落后的人为行事、缺乏职业专长和管理素质，企业就会陷于效率低下和被淘汰的危险境地。

因此，规范采购程序，建立采购管理机制，选择合理的采购方式、采购晶种、采购批量、采购频率和采购地点，可有效地控制采购成本费用，保证企业效益的最大化和成本的最小化。

在这方面，不论是松下、通用汽车等老牌企业，还是戴尔、惠普等新兴企业，都打造了强大的采购部门，制定了完善精密的采购制度。他们的成功经验可以为其他企业所借鉴。

要规范采购程序，可以从以下几方面做起：

1.制订采购计划，改变盲目采购

有些企业采购从不计算采购成本，需要时就随意采购。这种随意采购也会增加企业的成本。

比如，下面这位员工就是随意采购的典型。

星期五下午快下班时，一位采购员还在忙着打印发给各个供应商的信函。他有1500封信要寄给供应商，而且这些信必须在邮局下班前寄出才能保证所有供应商都能在下周一之前收到。

突然打印机的油墨用完了，办公室里没有备用的墨盒，即便让人送来也会耽误时间，这位采购员只好到就近的文具用品店去买。结果，第二天经理值班时发现了这件事批评了他一顿。因为墨盒的价格比他在批发市场采购贵了85元。

虽然这只是一件小事情，但是也说明了不提前做计划、应急采购往往会给企业增加成本，造成不必要的浪费。

采购顺利进行的必要前提就是要做好采购计划。因此要规范采购程序就要提前做计划，采购要根据市场需求、生产能力和采购环境容量制订采购计划，以便保证无料及时供应，同时降低库存成本，减少紧急订单，降低风险采购率。有备而来，而不是临时抱佛脚。

2. 建立适合的采购管理机制

不同的企业由于管理机制不一样，在采购管理上还会出现不同的采购机制。

（1）基于采购的采购管理机制。在企业中，最常见的就是把收到的采购任务单整理一下，然后把采购什么、采购多少、什么时候采购、怎样采购等，分配落实到各个采购员，督促各个采购员按时执行就可以了。

这种采购管理机制只是从企业内部各部门的需要出发，既不需要考虑产品供求、订货等情况，也不考虑供应商的变化等情况，更不需要考虑物流优化、库存量控制、降低采购成本等一系列问题。这种机制不是从企业的整体系统、全面地看问题，极容易造成采购和库存成本费用的增加。

（2）基于生产的采购管理机制。这种采购管理机制是为了生产需要而设立的，由采购部门通过研究各个车间的需求规律，为各个车间统一制订订货计划。

但是，这种采购机制有时会发生这样的情况。比如，企业根据生产需要，要求供应商做到"随时供货"的状态，这就加大了供应商的成本。结果，供应商对于这些成本的增加，往往就是以价格的方式，转移到了供给材料的成本里。这些无疑加大了企业的成本投入。

因此，要改变以上这种不合理的采购管理机制，根据市场需要和产品销售的需要，建立由采购部门为主，营销、质量等部门配合监督的团队。建立这种采购管理机制，才能防止多采购或者少采购，以次充好等事情发生，做好采购成本的控制工作。

3.订单采购

为了防止采购过多给企业造成的损失，可以采取订单采购的方式。预先对所有订单编号，由专人检查订单是否得到授权人的签字；由专人复查订单的编制过程和内容；检查使用物品的部门主管在请购单上签字同意。

采购订单一般设计为一式三联，分别留存于请购单位和送验收部门以便于相互核对。

4.建立完整的价格信息系统

对于需大量采购的物品，需要做采购批量对成本影响的分析。因为大批量采购涉及数额较大的订购成本和存货储备成本等，因此，企业应建立完整的价格信息系统，包括：材料价格网络收集系统、材料价格咨询系统和材料价格资料查询系统等，以便掌握准确的信息，货比三家，采购的物品总成本最低。

规范采购程序的目的是为了给企业打造一条合理顺畅的采购价值链，保证企业的原材料等成本以最低的投入换来最大的效益。在这个过程中，采购人员一定要积极配合，发挥自己的重要作用。

采购中讨价还价的艺术

采购部门被认为是企业里"赚钱"的部门，采购在一定程度上决定着公司基本的支出，如果能下降5％的采购额就可以增加5％的利润。可是，许多采购员常常对经理这样汇报：那个供应商太可怜了，再降低他真的受不了了，生意就告吹了。

是这样吗？

实际上，供应商的报价并不一定依据成本，而是由市场承受力决定的，供货商的利润比你想象的要多得多。对很多产品而言，砍掉15％或以上都是可行的，至于服务行业，即使砍掉30％，供货商还是有钱可赚的。因此，无论面对怎样的供货商，直接将报价削减掉15％，是为自己企业降低成本的有效方法。但是，你不能指望供货商会主动为你降价，最低价永远都是靠自己争取的。

请看，砍价高手是怎样运作的：

苹果丰收时刻，一家果品公司的采购员来到果园，"多少钱一斤？"

"1元。"农场主答道。

"8毛元行吗？"

"少1分也不卖！"农场主斩钉截铁，"你没看我还要应付这么多客户吗？"

"整筐卖多少钱？我要买半车皮呢？"

"整车皮也是1元一斤。我这可是十里八乡有名的苹果。"

采购员听后不置可否，而是不慌不忙地拿起一个苹果掂量着、端详着，不紧不慢地说："个头还可以，但颜色不够红。这样上市卖不上好价呀！"接着伸手往筐里掏，摸出一个个头小的苹果："老板，您这一筐，表面是大的，筐底可藏着不少小的。我可是专供高级宾馆啊！"边说边继续在筐里摸着，一会儿又摸出一个带伤的苹果："看，这里还有雹伤，这样的苹果勉强算二级就不错了。大超市可不会要啊？"

卖主听他说要供大超市、高级宾馆，感觉抓住了大买家，说话也和气了："您真想要，还个价吧。"双方终于以每公斤低于1.8元的价钱成交了。

这位采购员之所以能以较低的价格成交，一是采取了"吹毛求疵"的战术，挑出一大堆毛病来，如从商品的功能、质量、大小、色泽等；二是"拉大旗当虎皮"，说出了半车皮、大超市、高级宾馆等，让对方另眼相看。这些都是压价的道理。

如果你要的数量少，而且还一上来就声明：瞧你的商品多次！供应商显然不同意，在价格上也不肯让步。因此，讨价还价也需要艺术。

1. 不要表露对供应商的认可和对商品的兴趣

有经验的采购员，无论遇到多好的商品和价格，都不动声色，冷眼旁观，甚至还可以表现出昏昏欲睡的样子等，让供应商感觉在你心中可有可无，从而急于成交而自动降价。

2. "鸡蛋里挑骨头"

没有产品是完美的，因此，挑产品的毛病，这点往往很有效。当然，如果有一些口才好的人站在旁观者的立场上在旁边煽风点火效果更好。

3. 向供货商展示自己的实力

从某种程度上讲这是个自我包装的过程，要让供货商知道你的企业是长期并且大量要货。即便是向供货商说明自己当前的困难，也要给他造成这样的印象——现在的困难只是暂时的，因为企业很有实力。

4. 一定要让对方先开口

在价格谈判中，对于采购人员来说，切忌漫天还价，乱还价格；也不要一开始就还出最低价。前者容易让人觉得太离谱，没有诚意；而后者却容易处于被动，让人觉得有欠精明。

俗话说，买家没有卖家精明。供应商的底细你不知道，即便估算也会有水分，因此，在价格谈判时一般要让对方先开口。说不定对方开价在你的意料之外。

5. 预测并想法了解对方成本

许多采购员都是在供应商出价后再还价，这样往往得不到最实惠的价格，无法达到降低成本的目的。

采购员在采购时，要学会对采购产品的价格进行合理的预测，了解供应商的成本结构。如果采购员能够估算供应商的产品和服务成本，对所购产品的实价做到心中有数，就可以有力地洞察并控制采购流程。这样，在谈判中就可以根据已知的数据来砍价，得到较为合理的价位，减少采购成本。

世界著名的零售业巨头沃尔玛需采购的产品成千上万，但它的采购价格总是比同行的要低，原因就在于沃尔玛对各种采购产品的价格进行过严格合理的计算，并对产品的成本和利润一清二楚。每当供应商抱怨：再降价我们就没有一点儿利润时，这些采购员往往会替他们算一笔账。比如，一双袜子需要多少纱线，纱线需要多少成本等来推算袜子的成本和供应商的利润。因此，尽管这些供应商面对如此低的价格但仍然无法摆脱沃尔玛抛出的巨大订单的诱惑。

值得注意的是，使用这种方法不能引起供应商的反感，以为你是探听商业机密。因此，采购员可以通过参观供应商的设施，观察并适当提问以获得更多有用的数据。了解产品的用料、制造该产品的操作人员数量以及所有直接用于生产过程的设备的总投资额等。在估计供应商哪些材料占成本比重较大之后，可安排一些使自己在价格上有利的谈判。

当然，对供应商的价格进行估算要以市场和行情为基准，不要把价格定得太高，也不能太低，否则真会割断和最好的供应商的联系，"一着不慎，满盘皆输。"

6. 目标成本法

在给采购品定价时，不是一味地、没有目标地谈价、压价，而是应运用科学原理核算出采购价位，这样才能为企业获得利润。

例如，某电视制造厂预计电视未来的销售价格可能是500元，他们预计的利润为100元。因此在电视成本的制造过程中，确定了400元的成本。那么，电视原材料采购只能在100元之内，因此采购电视原材料的定价不得超过100元。

这种目标成本法也可以让采购员明白砍价的范围和最低能接受的价格。

7. 向上游供应商要利润

一般情况下，流通阶段越接近末端的货源，价格就会越高，因为越向下游，需求量就越分散越减少。因此，当企业采购量相应扩大时，应尽可能将采购的供应商位置向上移以降低采购价格，估算竞争对手的成本。

8. 想法了解竞争对手的进货价格

让自己的进货成本低于竞争对手，也是胜出的关键。特别是面临和自己企业产品完全相同的生产厂家时，采购员也要学会估算竞争对手的成本。

在进行竞争对手成本分析时，必须首先从各种渠道获知大量相关信息，初步估计竞争对手的各项成本指标，如找出竞争对手的供应商，以及他们提供的零部件的成本、分析竞争对手的人工成本及其效率、评估竞争对手的资产状态及其利用能力等。

在估算竞争对手的成本之后，可以将其与自己处于优势或劣势的成本领域相比较。比如，竞争对手的长处在于材料的低廉，那么，你就要在供应上找到自己理想的价格，这样也可以尽可能地实现利润最大化。

供货商卖东西总是希望价格越高越好，而顾客却要求不断降低价格，企业怎样才能迫使供货商降低价格呢？向供应商要利润。

虽然，供应商和采购员之间由于出发点和立场不一样，存在着一定的博弈关系。但是，只要能摸清对方的底细，毫不犹豫地砍价15%是可以顺利实现的。

如何成为"砍价专家"

虽然采购员都知道追求利润是所有企业的最终目的，谈生意就需要讨价还价，可是，由于与供应商之间天长日久打交道，在利益之外，难免有意无意掺进了一些情感因素，建立了某种个人关系，甚至会从对头变战友，自然也就不好意思与供应商讨价还价，也不再好意思挑剔供应商推荐给他的价格是否合理，甚至不好意思去别家供应商那里购买。那样，如果供货商总是因为这样或那样的原因不断提高供货价格，企业总是默默承受的话，那么利润就会白白流失。因此，你需要培养一些价格上的冷面杀手，不论是来自企业内部还是外聘。

被称为"拔光你尾巴上的毛"的日本松下电器公司，每年都要求供货商降价。松下的采购员总是这样对供货商说："你们的利润太高了，再让一步怎样？"或者是"你的某项支出太高了，控制一下还可以降低！"

如果供应商扭扭捏捏，故作可怜，"如果再降价，我们就会亏本了。"采购员就会直接提出让供货商提供年度结算资料让其审查。如果供货商拿着掺了水分的资料，采购员就会亮出撒手锏："那你们就不用交货了！"

当然，这种"最后通牒"与吹毛求疵、比较隐蔽含蓄的砍价方法相比显得很武断和粗暴，但是也常常能起到釜底抽薪的作用。因为供应商对于降价总是十分不情愿的，不到最后关头不会轻易让步，因此，这种"最后通牒"的方式往往对真心想合作的供应商很有效。

在你的企业里，是否也需要这种冷面无情的"砍价专家"？如果你的采购员队伍中通常都是以下这些性格的人员，那么，你应该考虑培养或者外聘一些。

1. 驴式性格

有些企业的销售人员可能是某老板的亲戚，这种人采购知识懵然无知，甚至明知不对还要顽固坚持，结果让供应商看清了他们的缺点而大肆吹捧。他们为了满足自己的虚荣心，让供应商吹捧得飘飘然时而必然会痛快许诺甚至越权承诺，当然，这样的话价格供应商求之不得。

另外，这类性格的反面就是因为盲目骄傲会做出不尊重供应商的言行，一旦供应商无法满足自己，动辄就是拍桌子骂娘，容易激化对方的敌意，最终会增大自己价格谈判的困难。

2. 羊式性格

有些企业的销售人员对任何东西、任何价格都缺乏主见，总是听人摆布来做抉择。这种人，缺乏为自身利益而斗争的意识，唯恐得罪了供应商，更不用指望他们去讨价还价。

这种人缺乏自信、缺乏能力，在与供应商的接触中表现得过分紧张，通常供应商会觉得遇到了生手，会抬高谈判的底线，从而也会失去对他们的尊重。

3. 狐式性格

有些企业的销售人善于玩小聪明，就像狐狸的成功靠耍阴谋诡计一样。他们总想诱使旁人钻入圈套，供应商一旦识破不会上当也达不到降低价格的目的。

这种人很容易让供应商产生太世故、缺乏诚意的感觉，从而对他们产生不信任，价格上更是免开尊口。

这种人不但会失去供应商的信任和尊重，也很有可能影响自己的职业生涯。

4. 牛式性格

这种人有些是不善言谈，有些是认为供应商是有求于自己，因此很牛气，不理会对方的感受。过分沉默会令对方很尴尬，减少信息的表达。供应商会认为自己碰上了"木头人"，不知所措，最终无法通过充分的沟通了解更多的信息，采购员自己也争取不到更好的交易条件。

如果你的采购员队伍中这四种性格的人居多，就赶紧清理吧，让那些"冷面杀手"助你一臂之力。

这些"冷面杀手"通常都具有利润至上的意识和良好的谈判技巧，他们在谈判中具有长远眼光，面对威胁与机遇都能处变不惊，从容应付，不达目的不罢休。对于供应商的软磨硬缠，他们毫不留情面，而且态度强硬。这样的采购员通常会在供应商表现得为难时这样说："我也无能为力，经理说这是我们可以支付的最高价，你考虑一下，这生意（新价格）你做还是不做？"

而且这些"砍价专家"还具备涉及工程技术、生产制造、成本会计、品质保障以及团队动力等多方面的知识。他们不仅与供应商讨价还价，还能够从最贵的品种查起，认真核查每一项采购成本，更努力在运输、仓储、包装、副产品生产等方面动脑筋，设法将变动成本及风险转嫁给供应商，这才是他们的厉害之处。

布莱克先生曾担任大众汽车集团全球电子电气产品采购部执行经理多年，直接领导着一个由200多名训练有素的采购人员组成的跨国采购网络，每年采购金额超过110亿美元。

作为一位出色的全球采购专家，布莱克十分清醒地认识到努力降低成本是一家企业生存、发展的生命线。他具有极其丰富的采购经验，不但对轿车零部件的成本价格构成"了如指掌"，而且对汽车配件的运输、仓储上总是设法将这次变动成本比较大的环节中包含的风险转嫁给供应商，因此，为大众汽车集团节约了很多采购成本。

通常供应商不会自动降价，采购人员必须据理力争。如果在自己的企业处于产品销路欠佳，供应商竞争十分激烈的情况下，买方占优势，可以不征询供应商的意见，以胁迫的方式要求供应商降低价格，通知供应商自特定日期起降价若干。另外，如果在企业发生亏损和利润微薄的情况下，为改善其获利能力都可以使出这种冷酷无情的撒手锏。当然，此种激烈的降价手段会破坏供需双方的和谐关系；当市场好转时，原来委曲求全的供应商不是抬高售价就会另谋发展，因此使用此种手段后不久还需要保持与他们的良好关系。

那么，采购员自己怎样才能培养成一个成熟而冷静理智的职业砍价高手呢？你可以试着从以下几方面做起：

"把你的手捆起来"

"把你的手捆起来"在很多教科书中都被作为谈判的第一条原则，那就是采购员只有接受对方让步的权利，但决不允许自己有任何让步。因此，每当你想要让步时就想想这句话吧。

·只与有权决定的人谈判

采购人员应尽量避免与无权决定事务的人谈判，以免浪费自己的时间，同时也可避免事先将本企业的立场透露给对方。

·敲山震虎

在价格谈判中，巧妙地暗示对方存在的危机，可以起到敲山震虎的作用，从而使对方在价格问题上处于被动，有利于自己提出的价格获得认同。但要给人一种"雪中送炭"的感觉，不能让供应商觉得是趁火打劫。

·请求上司唱红脸

如果采购人员对议价的结果不太满意，此时应要求上级主管来和供应商议价。你可以告诉供应商："再降价我就无能为力了，要不让经理来？"如果供应商能感到有受敬重的感觉，可能同意降价幅度。

·千万不要泄露自己的机密

严守商业机密是采购员职业道德中最重要的条件。当有事要离开谈判座位时，一定要合上资料、关掉计算机，或将资料直接带出房间。否则，供应商明白了你的最低接受价位就无法砍下价来。

另外，批量采购与供应商进行价格谈判时不要孤身一人与供应商多人谈判，那样容易处于被动地位。一般来说，己方的人数与级别应与对方大致相同。谈判地点尽量选择在本企业办公室内谈判，这样，除了有心理上的优势外，还可以随时得到其他同事、部门或主管的必要支援，同时还可以节省时间和旅行的开支，提高采购员自己的时间利用率和工作效率。

即便是"冷面杀手"也是为了和供应商真心诚意地合作，因此，砍价成功后不要大喜过望，要真诚地赞扬供应商的经营艺术，感谢其给予的帮助，让他们感到虽然输了里子，但是赢了面子还是足够欣慰的。

其实，还价、砍价并没有什么难为情的，作为买方，还价从来就是天经地义的。采购员只要能站在维护企业利益的角度考虑，想一下让供应商让利可以减轻多少工人挥汗如雨的劳动量，相信你还价也会理直气壮。

货比三家，择优而用

原料采购不仅是一件大事，更是一门大学问。选择好的供应商，将会使采购工作顺利进行，反之，则会给企业造成成本增高，甚至造成巨大损失。因此，货比三家甚至多家选择采购对于采购员可以说是醒世恒言。

对此，年轻的采购员可能会不以为然。他们认为速度取胜的时代，谁有时间挑来捡去。可是，市场是变幻莫测的，许多原材料品种价格的瞬息万变你没有供应商清楚。如果你总是相信一家，说不定他们就利用你贪图便利、不熟悉行情的心理蒙骗你。因此，在供应商的选择上，即便关系再熟，价格再合理，也一定要谨记：货比三家甚至更多的原则。多家选择供应商也可以减轻企业的资金负担。

有一家医院，他们的耗材用量并不大，但是却不从同一个商家进货。有人问医院的采购人员又不是批量采购，为什么不从同一家进货，这样应该会更方便快捷。采购人员回答说："我们医院每月的耗材用量正好为3万元，如果只从一家购进的话，那每个月都要还款了。而如果是3家的话，那最多可以免费使用3个月，同时可以省下9万元的流动资金。"

企业采购不是个人小批量、小品种，因此，供应商为了拉住客户，往往采用记账方式，提供的商品到了一定限额时，才开始催款。因此，对于采购员来说，选择多家合适的供应商，利用别人所给的优惠或优势来为自己服务，也是节约成本的好方法。

这里有以下原则可以参考：

1. 避免一类商品依赖于一个供应商

把采购品种和供应商交叉组合起来。即不是A品种选择甲供应商，B品种选择乙供应商，C品种选择丙供应商，而是A、B、C各类品种都从甲、乙、丙处进货。

2. 每一品种选择两三个主要供应商

每一品种都应以两三家供应商为主要供应商。换言之，对两三家供应商，要购进它们一二成、甚至三成以上的商品量，但切忌购进量达到七成以上。超过一半后，对供应商的依赖性就太大了。

3.重视单一品种能大批量供货的供应商

随着企业规模的扩大，对主要品种的需求也会成倍增长，如果供应商无力提供进一步的支持，发展就会受到很大影响。因此，要随着发展有计划地更换供应商。只有经营管理水平高的供应商才有能力向你提供优质的原材料。通常指那些拥有名牌的大型供应商在不同地区的市场地位有明显差异，对你的进货更有意义。

4.重视供应商的信誉

在选择供应商时要注意：供应商的信誉最为重要。如果供应商送货时间常常延误，或是有以次充好的现象，就算货品价格较低，也无法补偿给企业经营带来的损失。有信誉的供应商所提供的服务也比较完善，包括免费送货、次货退换、维修保养等，选择这样的供应商自然使企业减低成本与负担。

5.对供应商的小批量产品进行检查

所有的小批量产品必须进行严格的检查。如果小批量产品通过审核，那么此供应商将可加入采购商的产品目录。

6.不要因小失大

行业竞争促使供应商以各种折扣方式去吸引采购员，这是经营中的正常现象。但是，一些小企业的采购员会为了获得较多的折扣，出现采购过剩的现象，这是得不偿失的，千万不要因小失大。另外，过低的价格是以牺牲可靠的产品质量和良好的售后服务为条件的，无论是采购人还是供应商都应理性地对待价格问题。

供应商的开发和管理是整个采购体系的核心，其表现不仅关系到整个采购部门的业绩，也影响到企业的生产经营成本。因此，多家选择比较也是对于供应商的开发过程。要在了解自己的优势和劣势的基础上，有针对性地开发。让供应商不仅做到适时、适质、适量、适地、适价，而且还可以和企业共生共荣，这样的供应商才是成本小、效益大的合作伙伴。

采购不当造成的4种间接成本

有些采购部门不是采购过早就是采购过迟，或者疏忽了采购中的隐性成本，付款时采取了不利于自己的方式等。这些都会增加企业成本，造成待料停工损失、延迟发货损失、丧失销售机会损失和商誉损失等；如果损失客户，还可能为企业造成间接或长期损失。

采购不当导致的间接成本可以分为以下几种：

1. 采购过早的成本

存货不足意味着断料、缺货或失销。因此，许多企业都会考虑保持一定数量的安全存货而过早地采购。殊不知，过早采购会导致企业在物料管理费用上的增加，比如库存费用、搬运费用等。而且，一旦订单取消，过早采购的物料容易形成呆滞料。

2. 采购过迟及其成本

采购过迟会相应地引起企业延期交货。如果客户愿意等到下一个周期交货，那么企业实际上没有什么损失；但如果经常缺货，客户可能就会转向其他企业。如果为了挽留客户利用快速运送交货的方式，则会发生特殊送货费用。这项费用比普通运费要高很多。

若失去了客户，也就失去了一系列收入，这种缺货造成的损失很难估计。对于企业的直接损失就是这批货物的利润损失。除了利润的损失，还应该包括当初负责这笔业务的人员人力、精力浪费等。除了利润损失，还有由于缺货造成的信誉损失。信誉损失对未来销售及客户经营活动却非常重要。

3. 全额付款的成本

在大宗物品的采购中，有些采购员为了不耽误生产进度，往往采用全额付款的方式。结果，等到生产中发生问题，供应商往往一推了之，概不负责。

4.疏忽隐形成本的损失

某采购员被企业安排去想买一台复印机。他看好了两款：A款的价格是1000元，而B款的价格为1400元。这两款复印机的功能和质量相差无几，所以他觉得买A款会更省钱。

但是，当办公室使用后才发现A款的墨盒是每个80元，并且只能用1个月。此时，采购员询问B款的墨盒价格，得知每个墨盒只需60元，可以用2个月。然后，他算了一笔账。

A款墨盒的价格：80元×12个月=960元

B款墨盒的价格：30元×12个月=360元

一年下来，仅墨盒就相差600元，远远高于打印机价格相差的400元。显然，单价较贵的机型反而是更经济的选择。他忽略了采购中的隐性成本。

在采购时，千万不要以为摆在面前的成本清单就是所有的成本支出，因为还有很多看不见的成本等着你去支出。这就是隐性成本。

除了以上这些采购员自身因素引起的采购不当外，另外还有供应商到货不及时产生的增加成本现象以及到货后质量、数量不合格等现象。这些都需要采购员灵活应对。

为了防止以上采购不当现象的产生，采购员应该提高自己的能力素质，不仅拥有丰富的商品知识，有透过现象看本质的能力。而且在交易付款中也需要掌握一定的技巧。

这些要求主要包括以下方面：

·进行产品周期分析

为了防止过早或者过迟采购的发生，可以采取产品周期分析的方法。

例如，工厂的采购员在为本企业采购机器设备时，应该在价格最低的时候去买，这样最经济。如果是零售企业采购员在选择零售产品时，也想在价格最低时去买，此时可能会使采购品成为商场的呆滞品。

某建筑公司A为提高机械化水平。决定引进大型建筑设备，该设备最近才投入市场，此时市场价格为20万元。一年后，另一家建筑公司B看到该设备，也决定购买该设备，而此时价格已降为15万元。

由于A公司比B公司提前一年使用该设备，因此A公司经过统计发现该设备为企业创利5万元。

通过以上例子说明：在实施采购前，对采购品进行产品周期分析是非常重要的。

除了市场价格成本的影响外，采购还必须考虑到产品后期使用的维护成本。如果采购品的维护成本过高，则必须选择产品周期成本最小者。

·提高应急采购能力

如果由于销售计划紧急临时更改生产安排，材料的采购比较紧急时，就需要通过地理位置最近的生产厂家或者贸易商采购，成本放后；二是迅速找到供货厂家，选择最快的运输方式。

·提高协调沟通能力

对于供应商的原因引起的到货延长或者到货质量、数量不合格等现象，采购员在签订订单同时要确定大致到货时间，了解供方发货渠道和发货信息，掌握到货的主动权，尽量避免供方故意拖延发货时间。防止到货时间造成的影响，还需要采购人员有一定的物流常识，了解发货需多久到，通过什么方式到货更便捷。

偶尔因为供方失误或需方订单跟踪失误就需要和生产部门及时沟通，调整生产，尽量将损失降到最低。

对于供应商提供的质量不合格的情况，可以紧急替换，或者就近少量采购或者同行换货。为了避免这类情况出现，要与供方强调质量和产品的外包装，避免出现到货后不合格。

对于数量不符的情况，及时与供方沟通，商议赔偿结果。如果确定是物流运输损伤或者遗失，核算损失直接向物流公司索赔。

·留质量保证金

即便采购员对供应商的产品满意也不要豪爽地马上付款。特别是采购设备类物资，一定要留保金。因为设备经常出现维修问题，留部分质保金是防止供方不处理时需方自己维修所需费用，具体金额多少要示供需双方而定。

总之，采购是一个比较琐碎的工作，不论是主观还是客观原因引起，采购中都可能会出现各种形形色色的问题，因此，遇见问题一定要灵活操作并要有充足的耐心。只有提高自己的采购能力，灵活处理采购中发生的问题，才能节省采购中的人力、物力、财力等成本。

统一采购能有效降低采购成本

集中采购是指在企业或专门机构的统一组织下，每年在一定时间内将众多采购部门的采购计划进行集中，整合形成一个统一的采购计划，由统一组织与供应商进行洽谈，统一完成采购的采购方法。这种战略采购方法可以提高议价能力，降低企业采购成本。集中采购对于需要批量采购或者规模较大的公司来说比较适合。

某集团是一家大型国际采购集团。由于该公司下属子公司很多，虽然有共同需求，但是由于集团集权性不强，当子公司需求确实即将发生时而没有选择上报给集团，各子公司打着集团的旗号各自向供应商采购，以此来获得价格折扣和其他优惠条件。因此，集团各部门一时成了供应商的宠儿。但同时，也导致采购原材料比市价多一个百分点。由于企业的庞大，导致该企业年成本多付出了100多万元。

该集团管理层认识到问题严重性，随即成立了虚拟的采购监控中心，将管理采购预算、采购谈判等收归集团中心。定点、定时、定量采购，一年下来后，为该企业挽回了100多万元成本。

由此可见，与分散采购相比，集中采购就是以规模优势降低采购成本。

在分散采购中，由于采购时间和采购渠道的不同，同一种商品的价格可能有很大差异。而集中采购可以将各部门的需求集中起来，用较大的采购量作为砝码得到较好的数量折扣价格，使企业能够选择价格更低、质量更好、服务更优的商品。

集中采购不但克服了分散采购中地域的局限性，而且完全按照公开、公平、公正的原则进行交易。企业无须给掌握采购大权的人物请客、送礼、回扣等不必要的开支，从而减少了企业的成本。

另外，集中采购还可以引进竞争机制，精简供应商队伍。同时也减少了采购员的时间和人力、财力。随着成本的降低，企业的产品和劳务价格也随之降低，可以节约资金。

海尔采取的采购策略是利用全球化网络，集中购买。据统计，海尔的全球供应商数量由原先的2336家降至840家，其中国际化供应商的比例达到了71%，目前世界前500强中有44家是海尔的供应商。

随着竞争的日益激烈，企业在采购过程中实施联合将成为企业降低成本、提高效益的重要途径之一。

可是，在有些采购员看来，集中采购只对大集团公司抛橄榄枝，对于自己这些小公司，何谈集中采购？其实，集中采购不只是在同一个企业内进行，几家企业可以联合作战。

比如，在政府管制货品进口的情况下，有些原材料品种会出现国内数量供不应求的情况，此时，需要紧急向国外采购。但有些分配数量较小的厂商，无法引起国外供应商报价的兴趣。因此可以联合起来集中采购。其模式有：某一地区的小企业组成的联合采购；由某一供应商牵头组织的联合采购；某一协会组织的联合采购。另外，有些供应商会利用买方势单力薄，各个击破。在这种情况下，买方必须联合起来成为一个大的买主，以获得谈判上的优势。

另外，对于处于研发阶段的企业来说，由于采购的稳定性和数量的多寡都处于比较被动的地位，集中采购困难更大。此时，可以直接告诉供货方自己的公司正处于小试或者中试阶段，但是试验通过后，采购量会固定在一个多大的范围，这样也可以实现集中采购的目的。另一种是告诉对方目前需要扩产，这样也会引起供应商们的注意。

有些企业在集中采购时也发现了一些不足之处，比如，集中采购公司一年只组织一次，不容易得到广大潜在供应商的注意；不容易控制价格的浮动；供应商容易受利益驱动，一旦中标就停留在招标时的水平上不肯降低；一旦采购量降低，供应商的积极性就会受到挫折，找不到合适的供应商；无视集中采购容易增加库存。

就像任何一种事物都有两面性一样，集中采购也并非无懈可击。因此，在集中采购之外，可以引进其他低价采购方式进行弥补。

1. 阳光采购，透明交易

这种方式通过公开招标，可以有效过滤采购中的不良因素。对采购企业来说有以下好处：一是增加有效供应商，可使供应商不受本地域、本行业的限制，在全国乃至全球范围内找到更好的供应商；二是滤除采购中"人"的因素；三是提高采购质量。

在公开招标中需要注意：最大限度地公开询价信息。通过公开信息从源头上减少"消息迟滞型""不速之客"现象的出现。更多地邀请符合条件的供应商参加询价。推行网上询价、传真报价、电话询价等多种询价方式，力求让更多的、符合条件的供应商参加到询价活动中来，以增加询价竞争的激烈程度。真正引入品牌竞争，让企业真正享用到阳光带来的质优价廉的好东西。

2. 网上采购

企业可以利用互联网信息量大、沟通便捷的特点，在全球范围内及时地同供应商进行广泛的交流。而且互联网将生产信息、库存信息和采购系统连接在一起，通过互联网可以与供应商进行信息共享，可以最大限度地减少人为因素的干预，避免过多中间环节。

网上采购不仅可以方便在最大限度上降低采购成本，同时还可以最大限度地降低库存。如果在企业内部或外部已经建立了网络交互平台，就可以利用这个平台来控制采购成本。

只有成本降低了才能在竞争中取得优势。

打造良性供应链

有些采购员误认为，采购就是"讨价还价"，而且价格越低越好，最终要达到"绞死"对方的目的。

人们熟知，大型超市中的许多零售商都相继沿用了"家乐福式"的不成文规定，供应商进场一定要交进场费、促销费、品类管理费等硬性费用，供应商玩不得任何猫腻。而且即便供应商交齐了硬性进场费并不一定能进场，如果在一些软支出上不舍得出血，供应商还是会望"市"兴叹。

有些大型企业倚仗财大气粗，甚至把供应商的眼泪都要榨干。

结果，供应商面对这些鲨鱼、鳄鱼一样张开血盆大口的企业，只有无奈和悲哀。

这种为了达到单赢的目的不惜"绞死"对方的结果是，企业也不会得到长期的发展。一旦供应商揭竿而起或者供应商把这种模式应用到代加工的小生产商身上，也会引起市场秩序的混乱。

未来市场的竞争，不单单是单个组织之间的竞争，还是供应链和供应链之间的竞争。如果供应商不配合或者临阵撤退，企业也无法达到自己的目的。因此，采购过程中对供应商的选择也需要拥有全局观和国际视野。

即便是在采购大宗用品，在和供应商的价格谈判中，也应该是买卖双方经过研究、计划和分析，最后达成互相可接受的协议或折中方案。如果只纠结于价格和费用条款，不但容易将谈判搞僵，而且还容易失去更好的结果。

在供应链制胜时代，企业需要和供应商相互协作。特别是当今时代，随着经济的发展和国际贸易的日渐频繁，我国企业的采购方式也在迅速向多元化方向发展. 采购也在跨出国门。因此，要取得全球合作伙伴的支持，更需要抱着双赢甚至多赢的意识。

凡是成功的企业在维护供应商关系方面都有自己的独特之处。

海尔的不同之处就在于突破了传统企业与供应商之间单纯的货物交易关系，把供应商成功转型为战略合作伙伴关系，营造一种共同发展的双赢策略。

比如，海尔在维护供应商的关系上，采用的是SBD模式，共同发展供应业务。海尔有很多零部件是由供应商提供今后两个月市场的产品预测，并将待开发的产品形成图纸。这样一来，供应商就真正成为海尔的设计部和工厂，加快开发速度。

要把供应商发展成自己的合作伙伴，达到双赢的目的，也需要加强对供应商的管理。

1. 对供应商进行评估

当然并非所有的供应商都适合做企业的合作伙伴，因此对这些供应商也需要分析评估。

通用在资源得到合理配置的基础上，对供应商进行评估。对好的供应商采取持续发展的合作策略，并针对采购中出现的技术问题与供应商一起协商；而在评估中表现糟糕的供应商，则请其离开通用的业务体系。

2. 让供应商有选择权

许多企业都是自己掌握采购的话语权，不符合自己的要求、不符合自己的价位就一律拒收，供应商十分被动。同时企业另外选择供应商也会增加成本，最终双方的目的都没有达到。

通用在这方面的做法是让供应商拥有选择的主动权。

本来，通用汽车的一条生产流水线上，可以生产不同平台多个型号的产品。比如，既可生产较大的别克商务旅行型，也可生产较小的赛欧。由于车型的规格相差太多，供应商需要分别存放，结果给他们带来很高的存货成本。

为了防止供应商把部分成本打在给通用供货的价格中，通用汽车采取一些措施：让供应商根据自己的生产计划安排存货和生产，以减少供货商对存货资金的占用。这样既减少了供应商的成本，也就降低了自己供应链上的成本。

3. 和供应商及时协调沟通

传统的供应链局限于企业的内部操作，注重企业的自身利益目标。供应链一体化的概念注重与其他企业的联系，注意了供应链的外部环境。

拿产品销售来说，任何企业再畅销的产品也不可能永远彩旗飘飘。某一产品现在很热销，但几个月后就可能需求量不大了。如果因为产品的变化中断了与供应商的联系，那么他们因此而上马的生产线、设备等就会面临停产甚至转产的风险。此时，企业如果不考虑供应商的利益就无法达到双赢的目的。

在这方面，上海通用能够及时进行调整，对于销路不好的产品，及时调整。而且调整不是车厂自己调整，而是让零部件供应商一起来做调整。这样就维护了供应商的利益，也成功地控制了整个供应链的成本。

与传统的企业与供应商之间基于价格与利润挤压的博弈关系不同，现代企业是供应链一体化管理模式。企业不再是竞争的主体，供应链成员企业以相互间充分信任和相互合作为基础。如果企业篡改供应链规则，压榨供应商或对顾客服务质量漠视，供应链中的其他成员也会将其清除，以防供应链崩盘。

所以打造良性的供应链，让供应商和企业一起为顾客服务，使供应链上的合作伙伴都能在服务好顾客中分享好处，才是双赢的表现，才是企业降低成本的可行方法。

第五章 营销成本管控要严格

2009年12月，一度辉煌的批批吉服饰（上海）有限公司（即PPG）彻底关门，资产用于偿还拖欠的广告费。PPG成立于2005年，通过B2C网站和呼叫中心销售男式衬衫，早期销售额快速增长。

早期PPG选择男士衬衫作为切入点，进行网上销售。因为男士衬衫标准化程度高，加上男士对衬衫的要求低、需求量大，使得PPG早期能迅速打开市场。PPG早期的快速成长，带动了中国男装电子商务市场的发展。之后，市场出现了VANCL、BONO、麦网等服装B2C企业。

而PPG最终走向下坡路，与其整个团队的管理运营密切相关。其中，广告成本控制不严是PPG运营中最大的失误。PPG主要选择电视、报纸、户外平面媒体进行广告投放，互联网广告投放较少，导致公司广告费用支出过高；加之企业品牌建设落后，企业销量高度依赖高额的广告投放。据悉，2007年11月，PPG的广告费支出已达到4亿元。2008年年初，PPG被曝经营状况堪忧，与广告商、供应商间的债务纠纷频见报端。

PPG的昙花一现，警示了后来者尤其要密切注意营销成本。营销费用作为企业运营中的必要支出之一，过少，起不到促进销售、树立品牌的效果；过多，则直接导致资金链条的紧张，增加企业短期内的运营风险。

企业应重视营销成本控制

在许多企业经营者的心目中，普遍存在这样的观点："挣钱的部门花钱是应该的"，"营销部门花钱是值得的"。的确，在进入微利时代，营销费用过少，确实起不到促进销售、树立品牌的效果；可是，过多，也会直接导致资金链条的紧张，增加企业短期内的运营风险。营销中的成本支出，如果不认真分析，严格控制，那么就有可能变成"洪水猛兽"。

2009年12月，批批吉服饰（上海）有限公司（即PPG）彻底关门，资产用于偿还拖欠的广告费。据悉，PPG成立于2005年，通过B2C网站和呼叫中心销售男式衬衫，早期销售额快速增长。2008年年初，PPG被曝经营状况堪忧，与广告商、供应商间的债务纠纷频见报端。PPG最终走向下坡路，其中，广告成本控制不严是PPG运营中最大的失误。

PPG企业销量高度依赖高额的广告投放。据悉，2007年11月，PPG的广告费支出已达到4亿元。广告投放费用把控不严，导致资金链条的紧张。

广告费用支出过高表明了该公司营销成本控制不利，最终导致企业资金流紧张，产品质量危机的爆发，更加剧了企业资金压力。

企业都希望自己的规模越办越大，因此在做广告时容易陷入一些误区，一个是喜欢追求更大的媒体来进行发布，一个是盲目追求更大的投入，以为投入越大越好。

乐百氏集团曾经为了拍一朵云的镜头，专门奔赴澳大利亚花了100万元。对这样的做法，娃哈哈的老总宗庆后很不以为然，他问乐百氏的老总何伯权："全中国有几十人看得出你这朵云值100万元？"

其实，大的媒体和大的投入并不一定对企业适合，很多企业的市场尚未成熟，铺货的范围并不大，广告媒体再大也没有实际意义，而投入越多，反而越容易造成企业的负担。曾经有太多的企业崇尚短线操作，红红火火一两年，投入了大量的人力、物力，结果只是成为给媒体进钱的"铜商"。中国这个大市场的高投入、低产出甚至是不产出，早就已经成为众多企业的心头之痛了，中国市场上风起云涌，几家欢乐几家愁。

因此，企业营销要充分重视成本控制，需将营销费用控制在合理的范围内，有效地控制营销成本才可以使利润相对最大化。

要重视营销成本管理还需要经营者改变重市场轻利润的观念。

在有些经营者的心目中，总认为占有的市场份额大就会有大利润，因此，不惜砸下重金去开拓市场。

刘经理就是这样认为。他的公司是生产快速消费品的。他对业务员的要求就是快速铺货，占领更多的市场。他对公司的营运成本并不关心，对各部门与人员的费用也未设定预算，他认为只要销售能上去，花几个钱不算什么，只要收入大于支出就可以。但是年底结算时，刘经理却发现业务员的费用支出竟然大幅超越了公司冬季的收入，这下，他有点紧张了。眼看春节来临，厂里不仅要应付一大笔开支，而且还要准备出明年的生产费用和开拓市场费用，而资金却捉襟见肘了。

市场第一并非利润第一，营销的目的在于利而不是赢。在以消费者为导向，靠品牌和差异取胜的今天，以市场份额为核心的营销模式正在面临挑战。国外一些学者研究发现，并不是市场占有率第一的企业最盈利，因为为了维持高市场占有率，相对的付出也是巨大的。在市场竞争异常激烈的今天，即便占领了大量的市场，取得了可观的销售收入，但是营销费用比例过高，必然会导致研发后续乏力、生产工艺落后等弊端。当前很多企业，尤其是大企业，都面临这样一个问题。

市场经济是竞争经济、效益经济，企业的最终目标是赚取最大的利润，特别是在社会资源和企业资源总量有限的情况下，现代企业在市场营销的过程中更需要充分重视成本的有效控制，减少成本的投入。

随着我国市场经济的发展，市场竞争也日益激烈。企业暴利时代早已结束，企业利润空间大幅压缩，这种情况下更需要管理者树立起以利润为导向的意识，做好营销成本管理。如果营销成本控制不好，不仅可能导致亏损，严重的可能威胁企业的生存。

营销成本管理是企业管理的一个重要组成部分，它对于促进增收节支、加强经济核算、改进企业管理、提高企业整体成本管理水平具有重大意义。因此，企业要获得良好的效益，就必须加强企业营销成本控制，只有管理、控制好营销成本，切实降低企业营销过程中的相关成本费用，才能从根本上提升企业整体竞争力，争取到企业在营销中的竞争效益，企业的资源才能更为均衡地配置。

营销前做好预算

营销成本包括销售人员的工资、差旅费、通信费、办公费用；广告和促销费用；仓储及货运费用等。其中，每个环节运作效率的拖延都将导致成本增加。

由于营销工作是以提高产品销售量、市场占有度和品牌塑造等非物质产品为目标，不像生产产品那样可以对其进行数量和质量的控制和评估，因此，营销成本控制一直是很多企业都深感头痛的问题。有些企业甚至没有设立营销预算，即便已经设立营销预算的企业在营销成本管理中也存在着很大的误区，管理关注的重点仍局限在生产领域，对营销成本预算缺乏科学性的认识。表现为以下几方面：

1. 缺乏先进的预算理念

公司在制定营销费用预算和进行预算控制时，常常拘泥于一种预算编制方法，甚至局限于企业的业务性质或企业的规模，纯粹是就费用论费用，只是根据以往的销售数据确定销售预算，没有完全与市场挂钩。企业的生产、销售人员并不参加预算的编制过程，这就进一步降低了预算的科学性。

2. 信息不对称加剧了预算目标的低水平

由于各地区的费用水平客观上存在着较大的差异，公司的预算管理部门对当地情况掌握的信息要比当地的营销人员少。在这种情况下，当地营销人员就会钻财务人员不了解情况的空子，要求增加预算额，结果使财务人员在费用预算和控制中居于不利地位。

3. 营销费用的使用没有与考核相挂钩

由于对营销费用的使用没有纳入考核体系，造成一些营销人员虽然业务不理想但是并不会影响他们的薪资和提成。

以上这些现象都会给营销成本管理带来困难。因此，企业要改进落后和不切实际的营销成本管理措施，重视并且让营销成本预算起到应有的预防和监控作用。

· 营销费用预算必须面向市场

营销费用预算不是孤立存在的，要对营销人员的费用与开拓市场和提高市场竞争力紧密联系，实行动态的预算控制。即随着业务的发生，不断地调整其允许正常开支的费用数额，并以调整后的数额作为控制实际费用发生的依据。

比如，细分市场。按地区、产品或顾客群或订单规模把市场进行细分，然后计算各个细分市场或产品应分摊的每种活动成本的金额，把分配到各种活动中的费用进一步划分到各个细分市场或产品中。

· 根据营销目标制定合理的预算

在企业制定不同时期的营销成本预算目标时，由营销中心的总经理提出营销总目标，各基层单位制定出部门分目标。之后分部门再跟这些营销目标制订本部门预算草案，最后呈报营销总经理。营销高层和财务部门进行可行性分析及综合平衡后，拟定整个营销系统的预算方案；预算方案再反馈回各部门征求意见。没有什么大的修改后就可以具体实施。这样的预算从经营的角度出发，可以有效控制浪费情况。

· 重视预算的考核与激励作用

营销预算不是单纯地为了控制费用而削减支出，而是为了达到让销售员少花钱多办事的目的，因此，可以与有效的考核奖惩制度相配合，通过短期激励与长期激励的结合使营销人才把自己的命运和企业的命运结合在一起，提高营销人员的工作积极性和公平感。

营销人员的效益在一定时间内都可以通过数字表现出来，比如每个月的出库数、销量、回款数等，都是可以确定的。因此，可以根据当月或每季度的冲账数确定每个人的效益，达不到或者超额完成有惩罚或奖励。比如，当月回款100万元，就可以提成比例1.5%；如果3个月累计回款数达到300万以上，就可以提成1.8%等。这样就可以激发销售员的积极性。

当然，在制定预算的考核与激励制度时，要考虑销售区域难易（市场成熟）程度、费用额、投入产出比、市场竞争程度、新产品销售占总销售额百分比、新客户销售占总销售额百分比等指标。

· 设立内部结算中心

当然，预算出营销人员的费用后，为了帮助他们合理使用，可以进行资金的监控，以便节省不必要的开支。设立结算中心就是一种很好的手段。

对于小型企业来讲，内部结算中心可以就是财务部门本身，但对于大、中型企业来讲，内部结算中心要单独设置，与财务部门并列作为一个单独的部门存在。结算中心由营销总监和财务总监互相配合协调。这样一可以分担大型企业财务部门的工作；二可以起到两者互相监督的作用，并各司其职，满足企业财务管理深化的需要。

总之，企业营销中的成本控制应当是全过程、多方位的，不仅管理者要重视营销成本，而且还需要财务部门和营销部门配合建立相应的成本控制制度，营销人员更需要自觉遵守并执行。合理制定营销人员的费用，鼓励他们的营销积极性为企业创造更多的效益才是目的。

营销成本中的费用有哪些

在营销成本中，除一些固定成本的客观因素外，企业成本也会受到人为的主观因素的驱动。比如，营销人员的成本管理意识、综合素质、集体意识、工作态度和责任感、营销人员之间的人际关系等，都是影响企业营销成本高低的主观因素。

很多企业之所以营销成本过高，其中很大一部分就是营销人员主观贪污或者变相增加成本造成的。因此，从成本控制角度看，人为的主观因素不可忽视。

·差旅费用管理

在营销费用中，业务员的差旅费占很大部分。差旅费的管理更是难上加难。不少企业总会出现业务员多报差旅费、中饱私囊的现象。

有家大型食品连锁集团，为维护管理全国近300多家级代理商渠道，销售人员一个月的大半时间是在外地度过的。公司采用"实报实销制"，不同级别的员工规定了不同的出差标准。比如，差旅费，销售员长途标准为硬卧；住宿费，中小城市每人每天不得超出100元，大城市不得高于150元；手机费，无论销售员出差与否，每人每月额度不得超过300元等。全年下来，销售员的费用支出近百万元，老总感到有些过高。

为了进一步节约费用，在财务人员建议下，该企业实行费用改革，对经常性出差的业务人员实行"包干制"，其中住宿费每人每天120元，手机费每人每月200元，节约归己、超出不补。

实行这种新的报销制度后，表面看单笔费用是减少了，可是，年终总结发现，营销员的出差时间增加了，公司要开营销碰头会都看不到人影儿。可是，营销员这样忙碌的结果却是，企业的销售业绩同去年相比却减少了1/6。这是为什么？许多管理者都感到莫名其妙。

原来，业务员把差旅费当成了赚钱的渠道。

由于该企业的销售员年收入中与绩效挂钩的奖励部分过低，在这种情况下，他们要靠工作努力来获得奖励十分困难。再加上其他的市场开拓、办公费用、仓储运输等费用固定未变，唯一可变的就是差旅费了。因此，销售员只能靠多出差来多报销差旅费，把这些费用暗中尽量节省，作为自己赚钱的门道。

既然要节省费用，为了防止出现高额漫游话费，可以不及时接听手机，找本地座机电话后让客户打来；尽量减少到大城市的机会，因为那里的住宿费用太高；为了节省与客户面谈的差旅费，一封电子邮件解决；甚至为了多拿差旅费补助，月底也会寻找借口而拖延不归。这些现象，无疑损害工作效率和销售业绩。

得知这些事情后，老总叫苦不迭。

由于营销工作的效率要求和营销工作突发性事件较多，营销人员的差旅费控制确实是营销费用的一个难点。

对于差旅费的控制，有些企业是无限额支付，报销营销人员所有与公司业务有关的合理的业务和差旅费用。有些企业是限额和非限额支付方式的组合方式。比如，企业对招待费采用限额支付方式，对交通费采用无限额支付方式。还有些企业让营销人员自己先垫付相关费用，而通过销售提成等方式给予补偿等。以上这三种方式各有优劣。虽然差旅费采取完全"核准制"是不可取的，可是，如果企业为了节省费用提出"超出不补"，就像当兵打仗却让士兵自己买枪一样，他们也想不通。

管理的目的是为了真正做到节约成本与提高效率，如果错误地采取控制营销费用的策略，只求降低成本却忽视了发展，挫伤了员工的积极性，就是最大的损失。

要节省营销费用，首先要对各项开支进行分类汇总，再分析各种费用与销售额的比例是否合理并进一步找出节省开支的办法。

企业应该明确规定企业和个人各自应承担的费用的范围，作为判断差旅业务费用的合理性的依据。一般来说，与工作有关的业务费用和只有工作时才发生的个人开支由企业支付，如招待费、出差住宿费、传真、办公用品和交通费等。

对于差旅费的事后审核，可分为会计控制和合理性审核控制两个方面，会计控制主要是通过报销时对差旅费单据的审核，防止舞弊的情况出现。合理性审核主要是销售经理审核和监督部门审核两个程序，一般都是按周、二周、月等为单位，对销售人员提交的差旅费报表进行审核。

由于营销工作的"合理性"评价很难进行数量化或者标准化管理，因此，必须建立必要的利益控制机制。比如，采取费用报销须与激励机制相结合的方法，促使个人的利益和企业的目标一致。

·办公费用管理

营销办公费用主要是用于开设办事处、分公司的办公场所和营销活动摊位场地的租金等。由于效率的因素，营销的办公用品更适合"核准制"+"预算总额"的控制模式。

对于办公场所的费用应严格按年度预算执行，超出预算的也要实行较为严格的"核准制"，并跟随营销活动预算一起进行评估审核。

·仓储运输费用管理

此类费用的控制应和营销部门分离，改由总务部门负责，营销部门负责提供合格的供应商名单和适宜的储存地点，总务部门负责决定最终的地点选择。通过部门制衡来达到控制的目的。

· 市场推广费用的控制

市场推广费主要包括促销费，专卖店、展柜等的装修费和广告宣传费等。

对于各种进店费和促销活动的经费应严格采取"核准制"，通过编制活动预算来控制。专卖店、展柜等的装修费应采取预算"核准制"和"指定供应商制度"相结合的办法。

在市场推广费用中.广告宣传费占有主要部分，因此，必须采取严密的控制办法。第一，要采取预算控制，即所有广告宣传费必须有相关预算；第二，专人管理，事前核准，并登记领用记账；第三，对广告宣传的效果进行评价，对费用支出的效能进行考核。

通过事前预算、事中考察和事后的效能评价制度，来确立广告费是否合理，同时也便于在以后的工作中进行调整和改进。

· 建立个人效益成本账

业务员在市场开拓中对营销费用一般都不会太关注，反正花钱多少与自己无关。但是，如果把营销费用和他们的工资效益结合起来，确定"个人效益成本账"，就可以衡量每个营销员的营销成本。

有了个人效益成本账，投入要计算到自己头上，那么，业务员就会想办法节省、节约。比如，与商场负责人软磨硬泡，降低进场费；与展台制造商讨价还价，挑选好的展台位置等。

另外，还要根据个人效益成本建立奖惩机制，那么，业务员就会自觉行动起来降低营销费用。这样，企业经营者和营销经理在控制营销费用方面将得心应手，而营销人员也知道该如何去尽量节约成本，提高效益。

· 人人树立营销成本控制意识

除了上述一系列措施外，重要的是将营销成本控制意识作为企业营销文化的一部分，对企业全体营销人员进行培训教育，要求人人应对营销成本管理和控制有足够的重视，同时，对营销人员培训开发的投入，使企业的目标和营销人员的期望与价值观有机地联系在一起，让营销人员实现自主管理。这也是降低营销成本最有效的管理方式。

营销费用重在"营销"，因此，营销费用不能按照单纯的成本思路进行削减。虽然有些费用消减是必要的，但"消减"而不是"消灭"，调动起营销人员的积极性，用较少的资源获得营销推广的最大效果才是营销费用控制的真正目的。

避免营销隐形成本的损失

在企业营销管理中不仅要加强对显见成本的控制，还要加强对隐含成本的控制等。

比如，有些客户销售能力有限，大量积压产品占用资金成本，由此造成的应收账款的损失等；或者市场没有细分，投入大，收益小；或者过度打折由此引发的企业形象下降等损失。这些隐含成本如水下冰山，需要一定的时间才能浮出水面，最终可能会伤及企业信誉或品牌形象。因此不可疏忽这些隐形成本的存在。

要避免营销中的隐性成本给经营带来的损失，可以从以下几方面进行控制。

1. 细分市场的成本和盈利性

在经销区域的问题上，企业总是希望各分销商能够划地为界，集中精力做好自己分销区域内的销售工作，但有些分销商受利益驱动，往往会有意识地侵蚀其他分销商的经营区域，从而造成企业整体市场的混乱和分销系统内的恶性竞争。

因此，营销员应重点分析不同地区、不同渠道和不同产品的利润贡献额，让财务部门协助编制每一个细分市场或产品的利润表，以发现盈利的以及亏损的细分市场或产品。以便进一步调整成本比例和投资方向，集中精力和资源做好高利润的地区、渠道和产品。一般来说，如果能够带来更多的商机，打响市场的知名度，就是竞争再激烈，风险再大也要上。

2. 筛选客户

有些客户表面上看是"大客户"，带来很大的销售收入，但如果细算在他们身上所投入的营销成本，实际收益就不一定大，更不是什么大客户。因此，对于这些客户，业务员不要投入太多，要精准营销，以防因此带来更多的应收账款。

专家指出，可以用ABC分析法将企业的客户排队，按客户的营业额（给企业的毛利贡献）以及未来发展前景，依次分为ABC三类。这时会发现大量的企业只给你带来很少的营业额，可能几乎没有毛利，而且发展的前景也不是很好，也就是C类。此时，要毫不犹豫地把它砍掉，集中把A类做好就可以。另外，还要想办法扩展那些潜力高的，但是企业市场份额可能是中等或较低的B类。

如青岛啤酒厂率先在国内啤酒行业内推行"大客户制"，即厂家按照销量和代理品种划分，重点扶持那些销量大、代理高利润产品的经销商，并最终将其培养成"大客户"。

在市场营销中，要有效整合终端各种资源并优化结构。要对终端资源进行动态管理，要抓核心客户，对客户进行分层、分类管理，把营销资源做了这样的重新分配之后，可以在很短的时间里取得营销上的突破。

上海浦东星河湾在上海、北京、广州三地进行了一场耗时2个小时的产品推荐会，吸引了近600名意向买家。浦东星河湾之所以能够创造如此轰动效应，就是因为他们对客户有其特有的三层筛选模式，通过购买力、喜好度、圈层的层层剔除。

第一是购买力剔除——剔除对单价、总价望而却步的顾客；

第二是喜好度剔除——剔除本身喜好度与星河湾产品截然迥异的顾客；

第三是圈层剔除——剔除"星河湾上流圈层"在营造中的格格不入者。

通过层层剔除和筛选，星河湾的准业主也清晰可见，也大大节约了营销宣传和营业推广的费用。

3. 把握折扣的度

折扣是渠道政策中比较常用的一种，企业总是希望尽可能地实现自己的利润目标，而只给分销商以较低的折扣率。而分销商也要求利润最大化，因而要求企业给予更优惠的条件和更高的折扣率。

众所周知，有些企业的商品在卖给经销商时是加了价的，对于这部分增收部分，营销人员可以得到60%~80%。有些业务员为了推销产品，打折幅度太大，试图达到薄利多销的目的。可是，过度打折促销对企业的长远发展并无益处，即使短期销售量上去了，但商家厂家的利润也未必跟着上升，有的甚至是明赚暗赔。因为过度打折促销压挤了合理的利润空间，逼迫商家厂家不得不削减各种服务内容以降低成本，容易造成市场短期的虚假繁荣，扰乱市场。因此，要转变观念，让经销商和自己同一条心。然后双方共同出资出力，将市场拓展开来，从而达到以市场养市场的目的，最终营销费用也得到很好的控制。

4. 赊账并不可行

有些客户在一开始就会明确地告诉你，可能要一年后才付你的货款。但，如采用赊销，表示你会面对"应收账"的风险。据最新的调查显示，中国买家要求供应商以赊销来销售货物的达73%!相应的，许多企业的应收账款都占"资产负债表"的资产部分比重达30%~60%。

因此，赊账并不可行。即使你非常相信客户的信誉，也不得不考虑做好客户风险评估。如果客户的信誉有问题，那100%不是你的潜在客户。即便客户可靠，你还须想一下，公司的生产能力和现金流是否能支持这单生意。

既然赊账不可行，就需要转变自己的营销思路，找到合理的销售渠道并且与之嫁接，做好产品分销。

5. 调整存货比例

由于季节性原因，企业产品的销售往往存在淡旺季的问题，在旺季时，分销商往往要求企业大量供货，以防止产品"脱销"。防止竞争性产品进入，又为旺季实现高铺货率，占领市场做好准备。有些业务员不顾经销商的销售情况一味多发货，结果致使当地的库存过高，仓储成本过高。库存周转率低，占用了资金，同时，还要投入大量人力、物力进行管理，无形中增加了营销的成本。

在这种情况下，就要消解库存，根据市场需要可以考虑从公司直接调货。虽然这样调货运输费用高，但由于次数少，相比起来也比囤积大量库存占用流动资金要划算得多。

6.让经销商自我管理

宝洁公司在每一地区通常发展少数几个分销商，通过分销商对下级批发商、零售商进行管理。分销商的选择标准主要包括：规模、财务状况、商誉、销售额及增长速度、仓储能力、运输能力及客户结构等指标。该经销商被发展为宝洁的分销商后，宝洁公司将协助其制订销售计划和促销设计，乃至于派驻销售经理直接在分销商公司内办公。

营销是通过一个系统。因此，要减少甚至消除营销中的隐形成本需要从全局总额控制。应从供销规模控制、市场网点布局控制、服务设施控制、允许缺货损失控制、享受折扣优惠控制等方面进行。通过营销流程进行对分别对这些阶段性的隐形成本进行控制，就可以减少整个营销过程中隐蔽的成本。

如何实现低成本营销推广

由于营业推广费用是为了获得预期效果而付出的成本，目的性极强，所以，各个企业都像赛马一样疯狂冲出预算的跑道。有钱的企业，一掷千金，呼风唤雨；没钱的企业，拆东墙补西墙，打肿脸也要充胖子。其结果，致使营销费用越来越大；而回报却没有达到自己预期的目的。

营销推广不是大打广告战，通过人员推销和公共关系刺激顾客购买。对于成长型的企业来说，不能采用这种高投入而无回报的营销做法。对他们来说，经济的推销方式是一种行之有效的辅助性措施，低成本营销是一种合理和可行的成功之路。只有这样，才能把营业推广费用降到最低限度。

在低成本营销方面，不少企业练就了很多的绝招，比如，刮卡兑奖；买几送一；批购打折；兑奖旅游等。不论哪种方式，都是为了达到低成本营销的目的。

康师傅这家台湾省企业，开始进军大陆市场时，推广方式简单直接。它采用了促销活动中最典型的"即开即中"抽奖方式，非常适合饮料这种快速消费品。只要你拥有足够的运气就能当场得奖。领奖的方式也很简单直接，就是再奖励一瓶康师傅冰红茶。

一瓶康师傅冰红茶的市场售价一般为3元左右，由于产品本身的价格不高，所以以产品本身为奖品，使促销活动运作起来非常方便，也就直接降低了推广的成本。

如果说以上这些方法简单易学，含金量不高的话，那么，大手笔的低成本营销推广方式一定会让你大开眼界。

· 渠道嫁接

在渠道商快速崛起的时代，有些聪明的企业开始借助他们的力量，降低自己的营销推广成本。

请看，"五粮液"率领他的兄弟姐妹们演出的精彩剧目。

"五粮液"誉满天下，人人尽知。可是，1994年年底，"五粮醇"却横空出世。它与"五粮液"沾亲带故吗？而且却由远离五粮液酒厂的东南部的福建一个糖酒公司总经销。这是怎么回事？

原来，"五粮液"酒厂缺乏销售人才和渠道。在白酒市场竞争激烈的情况下，背水一战的五粮液酒厂决定利用外力促进五粮液的销售。他们不是自己投资设分厂，而是在300多家糖业烟酒公司地市州二级站打通了经销渠道，让经销商买断品牌，五粮液厂负责生产。

有经销商多年运作成熟的销售渠道，酒厂也不用担心销售。

于是，"五粮液"的第一个的兄弟"五粮醇"一炮打响。

这可吸引了众多的经销商。于是，一批有实力的经销商纷纷拿着设计好的方案和现金找上门来，按"品牌总经销"的模式与五粮液集团共同开发出了"五粮神""五粮春"等一系列全国性产品。五粮液集团一鼓作气，在"五"字头新产品畅销的基础上根据不同地区的不同特点，与各地经销商联合开发了30多个区域性买断品牌。形成了"五粮液"大家族。

五粮液酒厂运用了销售商现成的渠道模式，不费吹灰之力占领了众多的市场份额。

在营销推广中自建营销渠道，一是借助别人的渠道。有些企业认为自己建设销售渠道盈利大，因此倾向于自己建设。比如，自设品牌专卖店或者采用或加盟品牌专卖店。这种方式当然是比较理想的渠道组建方式。但企业要注意三个问题：一是企业有足够的资金实力和很强的风险承担能力，假如不成功对自己也不会有很大的伤害；二是企业的品牌力已相对很强，可以吸引别人来开加盟店；三是在市场既有的渠道上能看到自己的产品，这样有利于推动专卖店迅速开设成功。否则即便企业投入大量资源赢得的订单，也会发现得不偿失，比如资金被占用，利润很少，还带来了资金的风险。

现在，众多企业与竞争对手在品牌、产品、服务、客户关系上都不分上下，获胜的希望真的很渺茫。因此，如果自己铺设销售渠道有时并不合算。此时，可以考虑渠道嫁接的方式。

渠道嫁接主要有三种模式：一是同类产品渠道的直接嫁接，如飞利浦前期进入中国市场嫁接TCL的销售渠道；二是跨行业、跨产品的渠道嫁接，如可口可乐与肯德基的合作，前者就是借后者的销售渠道，而后者则借用了前者的品牌优势；三是面对同一消费群的企业之间的渠道嫁接，如，三星CDMA手机借电信运营商进行渠道拓展。这些渠道嫁接的方式虽然不同，但双方都能获得单独一方运作所不能取得的市场效果。

渠道嫁接也像找对象一样，要想达到"结婚生子"的目的，需要把握几个关键点：一是双方在某些方面有很高的关联度，如渠道、物流、市场、消费群体等；二是双方须有相同的经营理念或者经营目标。那样才能达到资源共享的目的，取得超常的市场回报。

·花小钱，办大事

在生活中，随处可见广告的身影。为了使用尽可能少的广告费用获取尽可能大的广告效果，应当合理选择广告形式。

选择广告形式或工具时，要考虑到以下几个方面：

根据产品销售范围选择：在全国范围内推销产品可选择全国性的电台、电视台、报刊等媒体；对只在一个地区内推销的产品，可选择当地电台、电视台、报刊媒体等。

根据产品的传播特点量身订制：对有些产品传播出去要求有音响效果，可选择电台广播；要求用动态形象表达的产品，如服装、装饰品等，可选择电视；宜于采用静态画面和文字说明的产品，则可选择报刊；三是产品的购买对象，要力求使广告工具尽可能多地接触到购买产品的主要群体对象。

其实一个知名品牌形成以后，应该减少其投放，在销售曲线下降之际，再用广告拉动一下。

·网上钓鱼

在网络时代，营销推广绝对不可忽视网络的力量。

众所周知，房产中介在楼市全面火爆的时候，最常采用的办法就是全国各地扩展门店、招聘人员。自房地产市场进入调整期以来，全国各龙头中介纷纷从"触网"转向"布网"。我爱我家同时开通千家网店，21世纪不动产与口碑网展开合作，在全国建立起400家"e房宝"中介网店。

有资料表明，房产中介平均40%的客户来自于网络。超过75%的消费者购房前会上网进行信息的查询。

不论以上哪种形式，都是此成本营销推广的创新。通过营销创新，企业能科学合理地整合各种资源，并能提高产品的市场占有率和市场竞争力。

保护企业和品牌的声誉成本

任何一种成本都有看得见的可以计量的，也有看不见的无法估计的。其中，声誉成本就是最大的，而且无法衡量的，一朝毁灭再想恢复可以说比登天还难。

近年来，一些公司高层为追逐公司利润和个人利益，不顾声誉风险有可能对公司经营带来的致命打击，做出了一些错误的决策。惠普公司就因其首席执行官决策失误，导致该公司从榜单中消失。安然公司更因其财务造假和违规操作的丑闻，不仅声誉全无，而且公司CEO身陷囹圄。另外，媒体不断有超市保安搜身侵犯人身的报道。人们可能不在乎保安的名字，但是却记住了是在哪个企业发生的事情。由此可见，员工的行为与企业的声誉息息相关。

公司的声誉是买不到的，因此要保护好这个无形资产，把声誉管理的成本降到最低。

那么，企业在经营过程中应该如何保护企业和品牌的声誉呢？

1. 和媒体良性互动

在维护企业的声音中，当然离不开媒体的推波助澜。如果处理得当，媒体就可以帮你灭火，借助媒体的力量，就会增加企业的美誉度以及消费者对企业的信赖感；如果处理不当，媒体就会成为导火索，引爆潜伏的其他危机，从而使企业在公众和媒体面前形象也一落千丈。因此，与媒体良性互动才能够降低声誉管理的宣传成本。

在非洲一些地区，生存着一种灰色的小鸟响蜜列，它们以蜂蜜为食物。可是，仅凭这些小鸟的力量是无法吃到蜂蜜的。那么，它们是怎么做的呢？

原来，只要它们在森林中发现一处野蜂窝后，会马上飞向附近的村庄，大声地吱吱叫嚷。村民们听到它们的叫声后，便会跟着这些大喊大叫的鸟儿到森林中去。响蜜䴕最后来到野蜂窝近旁才停歇下来。人们逐渐明白了它们大声叫嚷的目的。以后，每逢它们叫嚷时，村民们会准备好工具来到蜂窝旁。动手捣毁蜂窝，取出蜂蜜。

响蜜䴕依靠人的力量，得到了自己想得到的蜂蜜。而没有足够的时间和精力去找野蜂巢的村民也借助响蜜䴕的力量得到了自己想要的东西。

企业和媒体的关系也像响蜜䴕和村民的关系一样，应该保持良性互动。不惧怕媒体也不躲避媒体，而是要巧妙地利用这个工具为自己服务，那么，公司将能够在利益相关处建立和维护良好的声誉甚至美誉。

当丰田公司汽车召回门事件被媒体炒得沸沸扬扬时，丰田公司又巧妙地借助了媒体的力量，实现了和媒体的共赢。

2010年1月30日，在全美20家大报上刊登着丰田公司整版的广告。其中，醒目的广告语是"一个暂时的停顿，只为将您放在第一位"。

对丰田公司格外关注的人们自然抢光了报纸。随着报纸发行量的增大，丰田公司负责的形象和对人们关爱、关怀的形象也树立起来。

企业和媒体有着共同的利益。作为一门经营管理的艺术，建立公共关系的主要方法通常表现为密切与新闻媒体的关系，借助它们的力量。可以说，丰田这种公关手段是借力打力，借助媒体对丰田爆炒的影响面，用较低的成本获得了较好的声誉。因此，企业和媒体要搞好关系，通力合作，这样才能用较低的成本达到资源的最大优化。

2. 用最少的成本打造出最有影响的效果

维护自己的声誉不仅只是大把花钱，在媒体或者社会活动中宣传自己的形象，而是要有成本意识，用最少的成本打造出最有影响的效果。

曾经，通用公司的总裁斯通在这方面颇有创意。

有一次，通用公司的工程师伯涅特在领工资时，发现少了30美元，这是他应得的加班费。为此，他找到顶头上司，而上司却无能为力，于是他便给公司总裁斯通写信，斯通得知后，立即责成最高管理部门妥善处理此事。

3天之后，公司给这位工程师补发了工资。但事情并没有就此结束，他们还利用为员工补发工资这件小事大做文章。第一是向伯涅特道歉；第二是借此机会提高了那些"优秀人才"的工资待遇，调整了工资政策，提高了机械工程师的加班费；第三，向著名的《华尔街日报》披露这一事件的全过程，在美国企业界引起了不小的轰动。事情虽小，却能反映出通用公司的"大家庭观念"，反映出公司领导层对员工的深切关怀。

3. 博客公关成本低

企业要维护声誉，当然要处理好公共关系，在社会和公众面前树立起良好的形象。

但是，如果选择大众传媒进行传播，公众常常仅能知道企业在新闻报道的数量和篇幅或者企业领导在新闻发布会上的出席率。至于这些媒体报道是否在维护企业的声誉中起到了应有的作用，企业不得而知。因此，维护企业的声誉不能单靠广告和软文这种宣传性的传播方法和手段。在媒介化社会里，互联网为我们提供了一个低成本的宣传和传播渠道。而博客提供了企业和消费者、和公众互动的平台，企业可以及时地了解公众对企业的看法和建议。

曾经，国内有家汽车生产厂一度把汽车杂志以及昂贵的电视台商务频道作为与客户、零售商、雇员和投资者的唯一沟通渠道。后来，他们利用了互联网提供的便利，在百度网站上竞价排名。

现在，只要人们在百度上搜索该企业的关键字，就可以在搜索结果第一页找到相关的博客，并根据链接地址直接访问。

现在，该汽车厂可以对各种消息和批评迅速做出反应，更妙的是，每一篇博客都能获得上百条回复，为公司的声誉管理带来了很多新的创意。

2008年9月，"三鹿奶粉事件"事发后，蒙牛牛根生也是快速利用博客的便利向内部员工发表了一篇长达万字的《在责任面前，我们唯一的选择就是负起完全的责任》的文章，表现了牛根生的责任感。人们通过阅读他的博客，对牛根生和蒙牛在毒奶粉面前的态度有了进一步的了解，加深了对蒙牛的好感。

由此可见，博客在维护企业声誉方面也功不可没。因此，千万不要忘记这个便利而价格低廉的舆论工具。利用你的博客，加上评论和评级功能，通过社会化网络进行市场推广，或使你的客户实现相互支持，你都可以从风潮理论中获得竞争优势。

尽管维护企业的声誉管理有多种手段，但是，也要考虑成本，要敢于创新，争取用较小的投入得到最大的回报。

降低成本的4种资源整合法

从经济学的视角来区分，企业要增加效率可以用两种方式达到：一种是产品生产；另一种是产品的配置。可是，短期内要提高生产效率，只有增加生产强度，然而这需要考虑工人以及生产线是否都能满负荷运转的问题。而且，在资源受限的情况下，企业要增加产品数量也是非常困难的。

那么，有没有其他方式可以达到目的呢？通过多种资源整合可以起到优势互补的作用。通过资源整合能力，不仅可以扩张企业可动用资源的边界，降低营销成本，而且也可以扩大市场占有率，从而实现利润和现金流的组合平衡。

1. 产品配置

在企业中，特别是从事市场开发和销售工作的员工，通过不同行业、不同产品的整合，不仅能有效巩固已进入区域的地位，而且能够在不稀释核心区域资源投入的条件下实现企业在次发达区域的拓展。

2005年年底前，中国移动公司西宁公司要推出一个活动：存1万元手机费，送5000元话费。本来这是激动人心的大好事，可当时西宁的经济不算发达，一些经济富裕的移动用户自己1年的电话费也花不到1万元，再送5000元也花不出去。因此，许多人对这个活动并不感兴趣。这对移动公司来说也是个不小的打击。

负责开发西宁冷柜市场的海尔集团产品经理李彬从中看到了机会。李彬做出了自己的方案：把话费和冰柜进行整合。凡是接受移动公司赠送话费的客户都可以买海尔冰柜。

这样一来，参与活动的用户会增多，移动公司当然求之不得；对于移动用户来说，再不用担心赠送的话费浪费掉，而且有了"意外收获"！

当然，这种产品配置不仅是本企业产品的配置，也可以是和其他企业不同产品的配置。比如，手机和冰柜本来不是同一行业的产品，可是，经过李斌这样一整合，西宁的冰柜市场开拓出了新局面。因此，企业无论大小，都可以通过这种方法创造更多的机会，根据各自的情况进行适合自身的资源整合。

2. 不同行业的资源整合

有时候，一些整合看起来似乎是风马牛不相及的。比如，足球和旅游。不属于一个行业，而且一个是热闹的体育项目，一个是休闲旅游。怎么整合？

聪明的商家总会有办法。

1998年世界杯在法国举行，法国队赢得冠军，举国欢庆。可是，意大利人却在赛场下偷着乐。这是为什么？

原来，意大利占了大便宜。

在世界杯开赛的夏天，不少意大利旅行社跟随看球的球迷和游客一起纷纷奔赴法兰西，不是看球，而是在比赛期间向他们介绍意大利的风土人情和丰富的旅游资源。于是，不少人在世界杯结束后顺道到意大利游览了一番。

就这样，意大利的旅行社利用现成的世界杯观众这单大客户，赚了个盆满钵满。不少旅行社也走出了自己的低谷。

意大利人的聪明不能不让人佩服。

现今，对有些行业来说，本行业内的销售渠道发展到已呈现出饱和的局面。那么，何不另辟蹊径呢？

3. 借势整合

有时候，企业如果名气小，产品质量好也不会引起人们的重视。可是，如果大手笔投入广告又没有实力，怎么办？

借助名企名人的名气和地位，把自己的产品和他们捆绑在一起进行整合，这也是低成本销售的便捷之路。

在北美洲，生活着一种动物——牛蛙，其叫声洪亮酷似牛叫。成蛙体重达1公斤，不仅体大粗壮而且肉肥，而且是世界著名的肉用型蛙类。特别是在繁殖季节，雄性通常用叫声吸引雌性，而且越是体型大的，叫声越响亮，吸引力越强。

可是，出乎他们意料的是，这些大个头的牛蛙繁殖的后代并非都是大体型，也有小体型的牛蛙出生。这是为什么呢？

原来，小个雄性牛蛙借助了大个雄性牛蛙的优势。从前，因为小个头牛蛙总是得不到雌性的青睐，于是改变了攻势。当大牛蛙们鼓起肚子像比赛一样地高声鸣叫的时候，小个头牛蛙就会偷偷藏在它们附近的水草中，当雌性牛蛙被吸引过来的时候，躲在一旁的小个头牛蛙就抢先跳出来和雌性牛蛙相会，而且交配成功率达到30%。

为了完成繁衍后代的任务，小牛蛙借用大哥们远扬的名声达到了交配的目的。我们不得不佩服小牛蛙善借的能力。

正如宝洁公司总裁A.G.拉夫利所说："企业外部也许恰好有人知道如何解决你的企业所面临的特殊问题，或者能够比你更好地把握你现在面临的机遇。你必须找到他们，找到一种和他们合作的方式。"因此，如果你的企业或者营销员自己不具备开拓市场的能力，可以借助他人的力量。可以充分利用世界各地各种资源优势，收集各种创新的观点，寻找好的创意及独特的智力资源来达到自己的目的。

4. 全球整合

整合不仅是在同行业、同区域、同国家，可以跨出行业、区域甚至国度的限制，全球整合。在这方面，宝洁尝到过甜头。

当宝洁公司计划开发品客薯片时才发现，每分钟在几万个薯片上印上鲜明的图案太复杂了。

如果是以前，宝洁公司可能会为之投入大量的内部资源，试图设计出一个合适的印刷流程。但是，这次宝洁公司却学懒了。他们在网上列出了自己需求这种独特的印刷技术的要求。最后，意大利博洛尼亚地区的一位大学教授贡献了他的成果——喷墨打印，在蛋糕上打出可食用的花色图案。

结果，宝洁公司不费吹灰之力利用这一技术生产了品客薯片，使销售额提高了两位数字。

世界本来就是整合的世界。虽然，企业的营销注重内部资源的使用，但是，随着全球化的到来，降低营销成本也需要打破企业内部的局限，追求更加广泛的资源整合的渠道。企业可以选择从外部获得资源来扩大自己的销售范围，或者整合外部的先进技术增加产品的含金量。总之，你需要的一切资源外界几乎都有，只要你去找，只要对方同意。这比起你自己孤军奋战不是大大节约了人、财、物吗？

第六章　发挥财务的成本控制职能

企业经营管理的目标，不外乎为客户创造价值、培养和发展员工能力、为股东赚取利润这三个主要维度。要在其中任何一个维度上取得卓越的成效，都必须关注成本管理。

要控制成本、做好成本管理当然要发挥财务的作用。财务就是管账、管钱的部门，他们最明白企业的成本有多高，应该控制到怎样的程度企业才能盈利。

控制成本要重视财务的地位

在许多中小企业中特别是一部分民营企业中，普遍存在着财务机构设置不健全、财务人员配备不合理的问题。在企业老板看来，财务既然是管钱的，那么，"金库"的钥匙当然应该自己拿着才放心，于是，财务大权往往由老板一个人或少数人控制。有的企业干脆不设会计机构，他们认为"销售额−费用=利润"，收钱就用，设立财务纯粹多此一举，于是外聘兼职会计定期来做账，或者只是任用自己的亲属当出纳即可。即便是一些设立财务部门的企业，财会人员也多半一身多职，既是管理者又是生产者。老板穷于应付日常事务而没有充足的时间关注财务。

由于这些人普遍素质偏低，对财务管理的理论方法缺乏应有的认识和研究，不但无法做到公正，而且对国家有关法律、法规和财会制度了解甚少，不能使用科学的决策分析工具，造成财务管理混乱，财务监控不严。结果，无助于企业改善经营，降低成本和费用，及时发现经营中存在的问题。这些情况都说明，财务没有起到应有的作用。

精明的管理者常说：经营始末，财务先行。在企业中，财务管理职能部门承担着会计核算、财务管理、资金管理等众多职能，是行使价值管理的核心部门，特别是在大企业中，财务部具备会计、出纳、统计、资金、税务、财务预算、财务管理、内审等全部财务职能，接受董事会和总经理的双重领导，直接为领导决策出谋划策。虽然财务管理创造的价值在大多数情况下并不表现为收入的直接增加，但是，通过财务管理，能促进和保障业务的发展，有效规避业务风险。所以，企业要控制成本、降低成本需要重视财务的地位，提高财务人员的素质和能力，做到以上这些才能为成本管理打下良好的基础。

要做好成本管理财务部门也需要转变自己的职能。

不少企业的财务人员在一天的工作中，70%以上的时间，都用在做报表、跑税务局、跑银行等事情上，而为提供技术支持、改进成本方面的时间不到10%；进行成本管理、成本分解、预算管理，提供资本投资决策信息上的时间，不到20%。这种现象不符合现代企业的财务管理。这些工作对各职能部门的成本递减工作没有起到支持的作用，对他们将要做出的某个决策也没有起到建议的作用。结果很可能会产生这样的现象：企业员工都在拼命冲业绩，拼命提高质量，满足顾客，做大市场，可因为财务部门的管理不到位，企业利润并不可观，股东权益报酬率下降。这就说明，财务管理不到位。这种时候，财务部门和财务主管就要承担相应的责任。

财务管理关注的是公司整体经营成本的降低。财务管理所要达到的最终核心目标是——追求企业价值最大化。

财务管理创造价值的途径与方式主要体现在：通过预算管理加强费用控制，提升公司的成本优势，创造间接利润；通过财务考核，推动和促进公司各项业务的发展；加强资金的管理，保障业务的资金需求；建立市场导向的资金使用机制，提高资金的使用效益；提供深入的财务分析，为公司领导决策发挥参谋作用；完善财务流程管理有效降低业务风险。

因此，财务人员也要转变观念，不只是报一报流水账和罗列一些数字、指标，而是要通过财务数据的表象，去寻找和发现一些潜在的趋势性和规律性的内容。财务部门要从传统的记账核算型向财务管理型转变，降低财务部门的总成本。比如，改变工作的方向和重点，把跑银行税务等部门的事务合并处理，减少处理报表的时间；作为企业内部各部门绩效职能的伙伴，给他们提供财务技术支持；尽量弱化对内部管理没有直接关系的作业；降低部门的人数和设备，降低整个部门的时间成本。

财务人员也需要提升自己的素质和能力，不但要具备金融市场知识、管理会计知识、税务法规知识，而且要能够了解公司的战略目标，特别是财务主管要具备沟通能力、领导能力、战略能力等，具备卓越的战略与财务分析能力等，从增加企业发展、提升企业价值的角度做好成本管理。

同时，财务成本管理要与时俱进，注重环境成本的管理。如果说在工业经济时代，企业为了获取高额利润曾经尽可能多地利用自然资源，不计资源成本的话，在知识经济时代，环境成本已成为企业运营成本的重要组成部分。企业都会产生防治污染、保护生态发生的费用。因此，现代企业财务成本管理将更加注重环境成本的管理。

考虑环境成本控制，应该体现在如下两个方面：考虑产品生产过程和部门运行过程中所发生的环境成本；增加新型的针对环境因素的专门性的成本控制系统。如生产经营过程中的废弃物不妨构建一个专门的成本控制系统，建立能源成本控制系统等。

总之，只有领导重视财务，财务人员自身素质得到提高，才能充分发挥财务部门的职能，为公司发展提出成本管理改进措施，进而促进公司的健康发展。

成本管理要重视事前的预算

预算就是预先算计，预计反映企业在计划期末的财务状况。

俗话说："吃不穷、穿不穷，算计不到就受穷。"算计就是要未雨绸缪，凡事提前做预算。生活是这样，企业发展更需要提前筹划预算。预算能促使企业的各级经理提前制订计划，避免企业盲目发展，遭受不必要的经营风险和财务风险。

可是，不少管理者不重视预算，不少企业也没有事前的财务预算。有些管理者对于非常大的项目，都是凭自己的决策，先下手为强。至于自己签下的这笔合同，利润率是多少，怎样付款，怎样交割，占多少库存，占多少流动资金等，很多问题，都没有事前考虑。企业老总很可能合同也签完了，什么都拿回来了，才跟财务说，我这笔账怎么走啊？其实到这个时候，很多事情都已经晚了。

一个装饰工程公司就是这样。老板接下了一个大酒店的装修工程，事先没有做预算，只是估计资金10万元。结果，在施工的过程中才发现，前期垫付费、人工费、材料费远远超出自己的估计，结果不得不靠拖欠工人工资的办法来对付。可是，拖欠工人工资大大伤害了他们工作的积极性，他们对工作不负责任。最后，交工不久就出现了返工现象，最终老板得不偿失。如此情况下，自然更谈不上用预算管理来作为优化业绩的有效手段了。

在计划经济体制下产品的价格是在生产成本基础上确定的，成本的高低，不影响企业的利益。在市场经济条件下，产品售价是通过竞争形成的，单纯的事后算账已不适应市场经济的需要。因此，任何事情都要提前做一下预算，以备不测。

　　企业的财务预算管理虽然和建筑行业的预算不同，但是目的都是同样的，预防成本增大而带来的风险。一个部门或一个员工占用和使用了公司多少资源，又为公司创造了多少价值、得到多少报酬，必须通过财务考核予以定量反映。预算管理就是利用预算对公司内部各部门、各单位的各种财务及非财务资源进行分配、考核、控制，以便有效地组织和协调公司的生产经营活动，完成既定的经营目标。

　　企业的财务预算包括：销售预算、生产预算、生产成本预算、销售及管理费用预算、现金流量预算、利润预算、现金预算等。

　　比如销售预算：如该企业单位生产成本为250元／台，那么计划销售量全年为50000台，全年总生产成本为：$250 \times 50000 = 12500000$（元）。

　　预算不等于财务计划，它超出了财务计划的范畴。预算一旦确定，管理过程就是预算控制过程。公司领导的重视可以不断提升整个公司的成本意识。

　　一些企业管理者虽然认识到预算管理的重要，却并没有真正理解预算管理与绩效管理的关系，不知道如何实现预算管理与绩效管理的有效整合，这必然带来与预期相悖的效果。因此，在成本预算中一定要牢牢把握"责任成本"原则，确实做到责、权、利相结合，每项预算有相应的承担部门，将每一项费用预算分摊至相关部门并达到全部能找到责任人，是保障预算执行的重要环节。

　　其次，考核标准要细化，比如，考核车间各直接材料消耗指标、直接人工费用、制造费用、物料消耗等。财务核算科目的设置要更加细化，以利于成本细分，便于寻找成本下降的空间。

　　要按周、按月编制资金收付计划，并通过月度"现金流量表"的编制对其进行分析比较，及时预警财务风险，真实反映公司的现金流，为决策提供参考。

　　预算制度重在落实，因此要建章立制，制定合理的控制措施，要求预算职能管理部门坚决地执行和落实。凡是超过预算或预算外的开支，财务部门不予列支，除非经公司规定的程序审批通过。

一个部门或一个员工占用和使用了公司多少资源，又为公司创造了多少价值、得到多少报酬，必须通过财务考核予以定量反映。因此对预算执行结果要进行考核，并将之作为对一个部门及其主要负责人年度绩效考核的重要组成部分，与之升迁、薪酬等挂钩。让每一个为公司发展做出贡献的员工得到公司的价值认可和分享公司发展的成果，并从而激发每一个员工的主观能动性。

通过预算控制成本需要提高财务团队素质，为财务成本管理提供保障。因此，在企业内部，要注意对财务人员实行岗位轮换，培养一人多能。条件成熟时，可定期组织财务人员学习国家最新财税法规及财务管理理念，组织财务人员到所在公司其他部门学习，如生产工艺流程，产品及各种原材料的性能等。

传统的成本控制是适应大工业革命的出现而产生和发展的。但是，近几年来，企业环境的巨大变化已导致了成本控制实务的显著调整。因此，预算的目的重在激励而非控制，通过预算降低企业风险，减少浪费，提高部门、员工的积极性，降低各项成本才是预算的目的。

全面预算的7个特征

时至今日，众多管理者意识到了预算的重要性，但是他们常常发现："预算没有很好地支持公司的战略，甚至与之产生冲突"，"预算管理中只是强调上下级的控制、缺乏弹性，对市场变化反应迟钝"……这是为什么？

一个知名企业，每年依照总部的规定制定预算，当费用超支时，唯一的处理就是冻结，不管什么理由。结果，在编制预算时，各部门都会保留一块自留地以保护自己。每到年底，各职能部门想尽办法把这些资源全部用完。

甚至有些公司认为市场形势很好，部门不能超过预算，导致有的部门因为多做生意、为企业多赚了钱，反而因为超过预算而被惩罚的情况！这实在很可笑！

预算的目是的保护利润，控制成本。但并不是纯粹以成本控制为目的而进行的成本控制。在一些财务人员和管理者的头脑中，存在着一个预算认识的误区。他们做预算通常是在上年度预算执行情况的基础上，相应增加或减少有关资源项目的预算金额，以确定未来一定期间的预算。这种传统预算管理明显与企业发展战略相脱节，表现在：传统的预算管理往往以生产成本预算为重点，忽略对研发、营销、售后服务环节的预算；只注重财务指标，对企业经营活动全部以价值指标进行预算，而对如产品质量、生产效率、客户信誉等一些重要的非财务指标很难进行预算安排。

这种预算方式，只是以年度利润为目标，容易形成重视短期行为而忽视长期行为的弊端。而且只局限于企业内部，没有把企业、供应商、顾客之间的连接关系纳入控制范围。不仅使得资金使用效率降低、资源浪费，而且造成资金结构不尽合理，资金成本增高，财务风险加大。最终，财务人员只是依靠"一套涵盖所有会计科目的表格，最终得出公司明年的损益表、资产负债表和现金流量表的具体预测结果"。企业的经营被简化成了这些冷冰冰的数字，让企业家看得摸不着头脑。

企业的经营管理是一个复杂系统，期望仅仅通过数据钩稽做一番"表面文章"来得出全面预算，只能是徒劳无功的尝试。

传统预算管理存在着很多缺陷，使其已无法适应现代企业管理的要求。

著名管理学教授戴维奥利认为，全面预算管理是能把组织所有关键问题融合于一个体系之中的管理控制方法之一。推行全面预算管理，有利于实施企业的成本效益管理，有利于对集团公司所属各部门、各子公司的业务流程的有效控制，有利于集团公司管理上水平。

全面预算管理自20世纪20年代在美国的通用电气公司、杜邦公司、通用汽车公司产生后，这一方法很快就成为大型现代工商企业的标准作业程序。20世纪80年代，其他发达国家如日本、英国、澳大利亚和荷兰等运用预算的企业比例更高。20世纪90年代中期以来，我国国有大中型企业也开始逐步实施全面预算管理制度，并取得了一定的成效。如宝钢集团，通过实施以现金流量为核心的全面预算管理，仅1996年一年，银行日平均存款额就减少3亿元，节约利息支出达3000多万元。

全面预算管理认为：预算本身并不是最终目的，更多的是充当一种在公司战略与经营绩效之间联系的工具。全面预算管理以生产经营为中心开展各项工作，及时提供生产经营活动需要的各项数据，以服务第一的理念对各相关部门的工作形成应有的支持。从最初的计划、协调生产，发展成为现在的兼具控制、激励、评价等功能的一种综合贯彻企业战略方针的经营机制，从而处于企业内部控制系统的核心位置。全面预算主要表现为以下特征：

1. 公司计划和部门预算结合

传统预算是一种事先的估计，程序化不明显，而全面预算是对预测的具体规划。

预算的基础是计划，全面预算是在公司下一年的年度发展计划上，通过各部门编制的具体预算基础上做出来的，而不是财务部门仅仅是为了应付管理层的工作而闭门造车。

戴尔电脑公司董事长兼首席执行官迈克·戴尔每年都要举行几次会议向公司员工传达公司当前的战略，以此作为公司编制预算的基础。在所有员工对公司战略都有所了解的基础上，公司预算的制定与推行进程及效果显著改进，并且在推行预算的过程中，不断有员工提出对于战略实施进度甚至战略方向的检讨建议。

2. 模拟市场状况

我们知道，企业收入情况受市场波动影响而起伏不定，具有较大的不可预见性，有时，年初经董事会、股东会确定的预算，到年末时要么远远达不到目标，要么远远高于预算指标。此时，就可以模拟市场状况，根据市场环境条件和企业在上一时间段的经营绩效为依据，对下一时间段的生产经营过程中各类经济活动进行预先计划，提出经营目标，作为企业控制经济活动的依据和考核所属部门、单位经营业绩的标准。

比如，根据产品库存和销售预算自动计算出生产计划，根据生产计划计算出直接材料的消耗，进而根据原材料的库存情况，自动计算出采购预算。对实际资金支付进行事前实时控制，解决企业预算控制滞后的难题。

3. 重创造利润的过程

企业预算管理的重心从经营结果（目标利润），延伸到经营过程（业务预算和资金预算），进而扩展到经营质量（资产负债预算和现金流量预算、利润及利润分配预算、现金流量预算等），为提高经济效益提供了广阔的空间和时间。

如销售收入预算，过去主要从产品和区域两个角度来编制，全面预算管理从产品、区域、部门、客户、行业等更多的角度来编制。

4. 弹性预算

传统的预算重视控制成本，将成本管理与核算工作结合起来，结果是许多业务部门对于预算中大部分目标值感到难以操作，最终抵制预算的执行。

出现这种情况，并不表示预算程序本身有问题，而是编制预算的方法需要改进。一种可行的方法是采用弹性预算。根据市场指数和交易量的变化，预算值随之相应变化，同时，建立预算调整和追加流程。比如，对一些变动性的费用，如业务招待费、业务宣传费等可采用费用弹性预算，以激励业务的发展。

在此情况下，在确定预算标准时，必然存在讨价还价现象，上下级之间往往处于对立面。"一刀切"常常形成下级上报预算时留有余地，临近期末时，尽量用完预算额度。

而全面预算引进变动成本法，在按成本（费用）性态分类的基础上，根据量、本、利之间的依存关系编制弹性预算。真正做到不因预算安排提前而形成资金闲置浪费，不因预算安排滞后而延误生产经营。比如，全面预算体系中有一部分数据会直接衡量下一年度企业财务、实物与人力资源的规模，可以用来作为调度与分配资源的重要依据之一。

5. 滚动修正

每月初进行上月预算执行对比分析，找出差距，分析原因，制定措施，同时对预算确实存在的不准确进行修正，调整以后月度预算指标，实现滚动修正。

比如，市场开放、消费能力高的地方，一个不努力的部门可能获得很好的经营业绩并因之得到丰厚的个人奖励；相反，市场落后、消费力低的地方，即使部门全体再努力，也很难取得好的奖励。长此以往，将极大地挫伤广大员工的积极性，对公司的长期发展带来隐性但却是致命的伤害。

为避免上述不足，可以对各业务部门的财务考核与市场情况相联系，根据市场情况，滚动编制收入和利润预算，以实现更合理科学的考核办法。对个人的财务绩效考核，则按其岗位职责进行，并与其所在部门和团队的业绩相联系。

6. 提高预算的执行力

全面预算管理是一项全员参与、全面覆盖和全程跟踪的系统工程，要让基层单位、各部门、每位员工都知道自己在企业中所处的地位和作用，以便分清利益权重、轻重缓急，促进经济活动的协调一致。因此，全面预算管理提供了对各责任中心主要责任指标的实时考核，提高预算的执行力。

7. 风险控制

全面预算体系中包括有关企业收入、成本、费用的部分。财务可以通过对于这些因素的预测，对下一年度的实际经营水平进行日常监控与决策。当公司的收入、成本费用水平偏离预算时，企业决策者就可以采取必要的管理措施，从而达到规避与化解风险的目的。

全面预算管理是对预算期间的各项财务活动以预算方式实施管理，具有全员参与、全面覆盖、全程控制等特性。与传统预算相比，全面预算分析的及时性、准确性、全面性大大提高。正确编制并认真执行财务预算可以在财务管理中提高预见性，减少盲目性。

要实施全面预算管理也可以通过选定行业标杆企业作为榜样，结合实际合理确定企业的预算目标，促进企业保持行业竞争优势，培植核心竞争力。从而使公司有限的资源用在最重要的地方，使预算的编制和控制达到一个新的水平。

回收应收账款的6个对策

某生产型企业生产一种很畅销的产品，老板本该高兴，可目前却陷入破产危机，为什么呢？货发出去了，账款却收不回来。而原材料的货款、员工的工资、生产用水电等已经支付出去了。公司的资金眼看就要青黄不接，最后关头，只得把公司低价转让！

企业为了当期必要的现金支出，必须要取得与之相匹配的现金流入总额，可是大量的应收账款阻滞了企业现金的变现。

例如，导致大唐电信困局的一个重要因素就在于它的应收账款回收太慢令公司十分被动。尽管在2001年，公司加大回收力度，并成立了公司回款领导小组和专职部门，并且在当年共回款26亿元，但是，新的应收账款却如滚雪球般地变大。

应收账款周转率，可以测量在1年内应收账款的周转次数，周转率越大，则应收账款质量越好，流动性越强。应收账款回收期，则测量企业的应收账款转换成现金所花费的时间，回收期越短，应收账款的质量越高。从财务角度来看，应收账款的收入和成本存在一个盈亏平衡点，如果数量过大，利润出现逆差，企业的现金流就发生危机。如果企业应收账款周转率为1.6次，应收账款周转天数为225天，这说明企业现金收回的速度慢，过多的营运资产呆滞在应收账款上，说明企业流动资产营运状况不佳。

在现代社会激烈的竞争机制下，有些企业的销售人员为了个人利益，盲目采取赊销、回扣等促销手段争取客户，争夺市场，忽视了应收账款的大幅度上升及应收账款潜在的损失；而企业内部由于职责不明，财务约束机制不健全，导致应收账款长期挂账，企业虚盈实亏，严重制约了企业的发展。不仅如此，应收账款的增加还会造成资金成本和管理费用的增加。企业对应收账款的全程管理所耗费的开支和因应收账款存在着无法收回的可能性给债权企业带来呆坏账损失，都会给企业增加成本。

高质量的应收账款可以增加企业的现金流量。因此，企业财务部门要设立审计机构，对内部控制制度的有关规定和各个环节要严格监督，一旦发现应收账款方面出现潜在的问题，要向领导和有关部门及时通报，并采取措施严加防范。企业的财务部门要强化应收账款的日常管理，对应收账款的运行状况进行经常性分析、控制，及时发现问题，提前采取对策，防止恶化。

1. 增供扩销缓行

随着市场经济的深入发展，追求利润最大化已越来越成为每个企业经营的主要目标。有些经营者认为销量越大收益越大。可是，随着企业销售量的增大，势必增大应收账款。适量的应收账款是企业资金的正常占用，但过多的应收账款，会占用企业大量的资金，给企业带来一系列的问题，因此，应事前控制，权衡成本与增加的收入孰大孰小再做决定。

2. 对客户信用调查

企业要对赊购者的信用品质、偿付能力进行深入调查，应将那些挂账金额大、信用品质差的客户的欠款作为考察的重点，以防患于未然。如果顾客达不到获得企业的交易信用应具备的条件，便不能享受企业的信用或只能享受较低的信用优惠。

3. 协助催收

应收账款一旦形成，企业就必须考虑如何按期足额收回的问题。催收时，企业财会部门应及时提供赊销客户的详细原始资料，如销售合同、销售发票、对账单、欠款金额及发生时间等，为催收工作提供依据。

4. 认真对待应收账款的账龄

一般而言，客户逾期拖欠账款时间越长，成为呆坏账损失的可能性也就越高。因此，财务要密切注意应收账款的回收进度和出现的变化，和销售部门沟通，研究调整新的催款政策。

比如，现金折扣政策。许诺顾客若在规定期限内付款，可免交一定百分比的货款。吸引顾客尽早付款，缩短企业的平均收款期，减少应收账款。

5. 不放松监督

对尚未到期的应收账款，也不能放松监督，以防发生新的拖欠。

财务要通过以上措施，保证在防范和化解应收账款风险中的作用确实得到应有的发挥，通过应收账款的有效收现才能得以保证最低现金需求。

6. 建立应收账款坏账准备制度

不管企业采用怎样严格的信用政策，坏账损失的发生总是不可避免的。坏账当然增加了企业的成本。因此，财务要对坏账损失的可能性预先进行估计，积极建立弥补坏账损失的准备制度，这样才能准确核算出企业的成本。

财务要根据收益——成本原则很好地掌握这两个量，管理好应收账款，企业的资金流才能收到良好的成效。

保证企业资金良性循环

随着社会主义市场经济的建立和健全，资金管理显得越来越重要，如何筹措、使用、调节、盘活企业资金，使资金在市场经济中保值、增值、顺畅循环并对其加强管理，已成为财务工作者面临的一个重要课题。目前，不少企业在资金管理中存在3个问题：一是资金入不敷出，存在资金缺口；二是资金被挪用、被挤占；三是叫人头疼的"三角债"。

资金是一个企业的血液，如果企业缺少血液，轻则"营养不良"，重则"奄奄一息"。现实中很多企业正是因为资金周转不良而破产倒闭。

1991年12月，全球最大的珠宝零售连锁店已经欠款540万美元。Zale公司本指望着依靠圣诞购物扭转以往的营业损失。可是当时整个美国都处于经济萧条期，并没有出现圣诞大采购，结果公司的盈利不能偿还债务，从而加剧了Zale平时的债务问题。

而一些大股东已经开始威胁要宣布Zale破产，债权人只给了Zale公司30天的宽限期，最终，该公司无法偿还高达520万美元的利息。

资金紧张主要是由融资难和货款拖欠严重而造成的。企业一旦有了债务，就增加了自己的商业风险。在经营的过程中，企业的现金周转却存在不确定性。因此，不能把偿还债务的法宝押在快速销售上，企业在平时一定要有足够的现金流。首先要开源节流，增收节支；其次要通过短期筹款和投资来调剂资金的余缺；第三必须对资金实施跟踪管理，做到专款专用，防止资金被挪用和形成新的"三角债"。尽量减少债务，降低风险，从而降低银行筹资成本。

1. 原材料费用延期支付

对于下游的原材料企业来说，除了第一次合作，需要提前支付货款外，以后的合作，就需要尽量把付款条款修改为先货后款。当然，付款协议签署以后，一定要按章办事，不要一拖再拖，以免影响公司的信用。

2. 产品账款提前收取

如果客户是第一次购买我们的产品，一定要求对方先付全款，然后提货。对于信用好的客户，可以将预付款的比例适当降低，但最多不低于成本。这样，给客户以警示，并能把风险减到最低。

3. 在价值链上降成本

传统的降低成本的方式总是企业在自己内部进行，在目前企业集团军作战的今天，完全可以考虑在价值链上，和上、下游和渠道企业共同降低成本，提高整体竞争优势，比如让供应商为你分担成本。

我们知道，企业的许多资金都要花费在从供应商那里进原材料或者产品上面。那么，何不想办法让供应商帮你分担成本呢？如供应商产品的包装能减少企业的搬运费用，另外还可以让供应商先发货后付款等。

我们知道，东北有人参、鹿茸、乌拉草这三大宝，可是，全国最大参茸市场却不在原产地东北，而在温州苍南，而且价格比东北还便宜，这是为什么？原来，温州人与东北人形成长期供销关系后，往往答应一年结一次账或半年结一次. 在这一年或半年的时间内，他们就能把参茸迅速卖掉，用这大笔现金，做上10~20轮的生意，不仅可以贴补参茸的亏损，而且还有盈余。

因此，财务对于现金的管理不能只是考虑从本企业怎样节省开支，要具备一定的经营意识，跳出企业看问题，这样才能当好领导的参谋。

4. 将固定成本换成现金

在生产制造型企业中，庞大的设备成本无疑增加了费用。一旦购置的设备不能全部开工，就会成为企业的负担，阻碍现金流的运转，让企业无法灵活配置资源来面对瞬息万变的市场。特别是市场下滑时，承担这些固定成本的企业就要遭受巨大损失。一些企业受累于庞大的固定成本，无法轻松转向。而那些想急速扩展的企业，固定成本也成了它们扩张的瓶颈。

那么是否可以将这些固定成本变为可变成本？有些企业采取了以下措施，将设备等一些固定成本变成了现金。

在美国，劳斯莱斯以及通用电气在以前的经营模式中，都是向用户出售引擎。可是，客户因为要花费一大笔资金，因此阻碍了那些资金不足却又需要引擎的客户的愿望。发现此问题后，20世纪80年代，这些公司开始以"按时付费"的方式出租引擎，以取代传统的引擎销售。一旦客户无须这些固定资产时，可以重新出租它，而不会让这些资产废弃；同时客户也无须为购买这些固定资产而承担资金风险。

在我国，近年来许多企业也在想办法盘活设备的固定成本。有一家建筑材料企业拥有庞大的车队但是使用率很低，于是就将卡车车队卖出后将运输业务外包给了运输商。另外，该企业采用了可移动工厂，将建筑需要的设施设在移动的车辆上，根据不同地区的需求，灵活转移生产设施，而无须购入新设施。这些做法消除了扩大生产过程中带来的庞大固定成本投入。

5. 防止贷款债务

许多企业出现资金断流是因为贷款太多造成的。长期拖欠债务，贷款如果不能按期归还，则会加大资金使用成本，加剧资金使用风险。而且还会导致企业信誉下降，直接影响企业生产经营。因此，企业在筹资过程中一定要把握一个合适的度，防止债务出现。

那么，企业拥有多少资金才合适？这些可以通过资产负债率来反映。从常规来看，当全部资产盈利率超过因借款而支付的利息时，对企业十分有利，否则对企业不利。

6. 融资

企业内部资金不足，或者仅靠内部筹资不足以支持运转时，可以考虑向社会融资。比如，向亲戚好友借、银行贷款，争取风险投资、天使投资、民间借贷、内部筹资等，通过多种渠道、多种方式，寻求多方资金的支持。

中国最大电子商务网站阿里巴巴已经在香港特区挂牌。1999年马云和"十八罗汉"集资50万元人民币，正式成立"阿里巴巴"。对科技完全不懂的马云，不到8年将资本量50万元人民币的企业，摇身一变为市值逾720亿元人民币的大企业。阿里巴巴的成功，被很多人认为是其融资的成功。

融资的目的本来就是为了企业的继续生存。通常情况下，企业只有在遇到困难时，才会需要通过融资来渡过危机。要千方百计地使融资成本降到最低，其中最重要的就是杜绝浪费，远离奢侈，切忌为了融资而盲目地付出太高的代价。

马云初创业在接受孙正义3500万美元的投资时，回答是"钱太多了，我不要。"马云说："我只赌自己有把握的事。2000万美元我管得了，过多的就失去了价值，对企业是不利的。"因此，他立刻给孙正义发了一个电子邮件。5分钟后，孙正义回复："谢谢您给了我一个商业机会。我们一定会把阿里巴巴名扬世界。"

7. 合理分配利润

企业税后利润的分配包括向投资者发放股利和企业留存收益两部分。

股利发放的多少直接影响投资者的投资积极性，留存收益的多少直接影响企业的再投资规模和企业的技术更新改造能力。因此，这两部分的比例要处理适当。结合自身实际，合理选择固定股利政策、正常股利加额外股利政策等，保持企业持续、稳步发展。

总之，财务部门要监控企业资金的分流，防止过多分流到工资福利、非生产投资等方面。加强资金补偿积累。合理制订税后利润分配政策，尽可能用于企业扩大再生产，促进企业自我流动发展。

防止财务人员腐败的6个方法

财务人员本来是掌握企业金库的关键人物，但是，如果他们中有些人监守自盗或者欺上瞒下做假账等，无疑是企业财务管理中最大的失败。不只是增加了企业财务管理的成本而且会给企业带来很大的损失。

据《深圳晶报》报道，深圳市一名街道办的报账会计张某在9年之内，竟然从中贪污公款1700多万元！

《北京晚报》也报道过：原任朝阳区劳动和社会保障局劳动工资科科

员的李建国被控贪污数额高达687万元。

2007年4月，邯郸农行发生了两名库管员轻易盗窃5100万元买体育彩票的重大犯罪事件。

在英国，声名显赫、信誉良好的巴林银行倒闭，就是一位小小的员工——尼克·里森引起的。

里森没有接受过任何高等教育，起初只是巴林银行时从事清算工作的内勤人员，后来被派到新加坡分公司开始做起金融证券期货交易，之后，因为工作出色被任命为巴林银行新加坡分公司经理。

随着职位的升高，他的私欲开始膨胀了，竟然采取不正当的手段进行交易，设立了错误账户来处理交易中的失误。谁知失误越来越多，但里森并没有报告总部及时采取措施。结果"糊涂账"越来越多，使公司遭受14亿美元的损失，终于导致巴林银行的破产倒闭。

类 单位中的业务员、会计、出纳、仓管和其他一些临时受老板委托管理财物的人员，以单独作案居多，犯罪分子大多具有高中以上文化程度，深得老板信任。而犯罪分子大多认为："公司的财物老板一般不会认真查看，公司太大，少点东西老板一般也看不出来。"

由此可见，在财务管理中，各级领导部门要严防财务人员监守自盗；财务人员也应该提高自己的品质和道德修养；财务管理更需要配置严密的体系，不让居心不良者有可乘之机。

1."事前"防范

许多企业对于财务人员贪污行为等都是"事后"补救，比如严惩不贷等。事已造成，悔之晚矣。其实做好财务管理韵"事前"防范才是封堵财务漏洞的关键，才能避免造成内部财产的大量流失。

完善内部财务制度，推进财务信息化建设，对抑制贪污行为可以起到事半功倍的效果。

在邯郸农行被盗案中，首犯任晓峰在狱中反悔写下了一份"银行金库管理制度建议"。

监控方面：应安排专人负责查看监控录像，并定期抽查以前的录像记录，看是否有违规操作等情况；每日必须检查监控设备的正常使用及备份情况；必须设防110联网报警系统，对非工作时间进入设防范围金库的人员马上向领导报告详细情况；金库内必须安装监控设备。

他的这些建议都是从专业的角度提出的，相信企业的财务人员能够从中得到一些有益的启发。

2. 应用信息化技术

曾经，深圳福田区街道办事处曾发生过报账员巨贪案件，暴露了报销程序上不完善的问题。

自此事件后，福田区专门将从前需要手写的报账单，全部更换为用电脑输入，避免财务人员人工改写账目，所有数据也都在电脑里保存下来便于监管。

针对费用报销过多或者虚假报销的问题，许多企业引进了网上报销的方式。曾经，一家著名的食品集团驻外总经理，伙同他人涂改费用报支凭证虚报费用，侵占公司13716元。鉴于这种情况，许多财务部门都采取了相对成熟的网上费用报销模式。

合理应用信息化技术可弥补之前存在的财务管理漏洞。

3. 加强对子公司的财务监督

总公司要与各子公司的财务部门签订责任状，把他们的成本管理目标作为考核内容。每年至少查询4次以上，审计部门负责督办和量化考核。另外，还要深入员工中了解听取他们开展对财务部门和财务人员的要求和建议。

4. 驻外机构经营权和所有权分离

在开拓市场的过程中，许多企业都有许多驻外销售机构。因此，一些分公司常会出现这样的现象：负责人或财务管理人员挪用贷款、坐支现金。许多企业采取的是办事处将货发给客户，数量及货款具体数量由业务员传真给公司，客户直接向公司账户汇款。但由于办事机构或营销机构所需经费又可以通过业务员向客户预借，导致收支两线在一定程度上重合，也使业务员有机会虚报项目或费用开支，挪用客户的预借款。比如，东南某省有家民企的分公司业务经理，利用负责洽谈业务、催收货款的便利，自2003年11月至2004年1月15日，先后6次将收取的46万元货款私自挪用。由此，分公司的财务管理成为企业非常头疼的问题。

要解决这个难题，可以采取经营权和所有权分离的方式，无论是盈利还是亏损都需要他们自己负责，如此，他们自然不会再贪污自己的钱。即使如此，也要对分公司的资产管理采取财务总监委派制的组织架构，有效地对资产（特别是货币资金）进行评估与控制。

5. 重视财务人员的品质

不少企业负责人均认为发生财务人员监守自盗最大的原因是因为对财务人员聘用把关不严引起的，特别是通过网络聘任的人员问题更为突出。有些人就是因为有赌博恶习而把手伸向公司财物，挪用公司资金进行赌博。由此可见，把品性不好的人引进公司，无异于引狼入室。

因此，聘用财务人员时，一定要对他们的人品进行考察和考核。严把进人关，慎用任人权，一定要坚持录用标准，择优录用，对于重要岗位还应当做到知人善任。这是堵住漏洞的第一关。

6. 对不法现象广而告之

企业可通过行业协会，对恶意"挖墙脚"的人员广而告之，向行业协会发布，规定对于被开除的管理人员在本行业不得聘用的规则，这也会让那些监守自盗的财务人员不可能再转移阵地，同时，其他企业在招聘人才时能够充分注意。

财务人员监守自盗常常令人防不胜防，因此，要多管齐下，加强对他们的教育管理。相信，通过以上这些措施，就能够比较严格地防范财务人员有意挖墙脚的现象出现。

实现企业资本结构最优化

资产是企业所拥有或控制的，并能给企业带来预期收益的经济资源。而不良资产则是指处于呆滞状态、缺乏流动性、使用效能差，虽然以资产形式存在但不能给企业带来预期收益的经济资源。不良资产的大量存在，掩盖了企业资产与财务的真实状况，直接误导企业的经营决策，困扰企业的生存与发展。如果"输液"确实不行了，财务人员可以建议决策者采取剥离不良资产的"断腕"措施。

2009年3月26日，美国财政部长盖特纳23日宣布了一项帮助银行剥离不良资产的计划。这是奥巴马政府为恢复信贷流动而采取的一系列措施中的最新步骤。其实政府帮助银行剥离不良资产在此次金融危机爆发之前也不是什么新鲜事，被认为最成功的案例之一是中国剥离处理国有4大商业银行的不良资产。中国成立了4家资产管理公司在1999~2000年先后收购4家国有商业银行不良资产1.4万亿元，旨在减轻国有银行负担，为重组银行资产负债表奠定了良好的基础。

剥离企业不良资产并进行重组，有利于解除企业历史包袱，优化企业资产结构，有利于客观反映企业资产的真实状况，消除由于企业信息失真可能带来的不良后果。

"剥离"不良资产有委托管理方式、核销方式等许多方式。

1. 委托管理

这种方式是将企业（企业集团本部或者子公司）的不良资产整体打包后委托给不良资产管理公司。该方式不改变企业法人财产的权属关系，剥离的只是企业不良资产的经营管理权。将不良资产托管之后，企业可以集中精力开展其他业务，参与市场竞争。

2. 核销

通常，企业（包括母公司和子公司）先进行清产核资，然后对部分由于历史原因经确认已成为坏账的不良资产予以放弃，按规定程序办理核销手续，并相应调减企业账面资产，实现不良资产的彻底"剥离"。尽管手足情深，但是当运转不良的企业影响了总公司的发展时，也要毫不犹豫地予以剥离。

3. 资产置换

这种方式有两种情况：一是母公司以其优良资产与子公司的不良资产进行等值置换，这样既剥离了子公司的不良资产，优化了子公司资产结构，又减少了烦琐的公司变更登记手续，以收购方式剥离不良资产。

4. 收购

以收购方式剥离不良资产：一是母公司以货币资金收购子公司所清理出来的不良资产；二是母公司所设立的不良资产管理公司以货币资金收购子公司的不良资产，前提是不良资产管理公司有足够支付的货币资金。以收购方式剥离不良资产，出让不良资产的企业不会减资。

5. 让无形资产增值

剥离不良资产的目的是为了让其他资产升值。这其中，要注重企业无形资产的作用。

许多国企在改制中，没有意识到企业的名称和产品的品牌这些无形资产的作用，因此，没有达到使资产升值的目的。对此，财务人员一定要有经营意识，不能仅凭资产报表上的数字进行重组。如果把无形资产当成不良资产剥离或者低价出售，无疑是企业最大的损失。

特别是在高科技时代，知识和技术的"无形资产"将超过"有形资产"成为一种重要的资本形式。美国网景公司仅因为开发了可同微软公司的因特网浏览器相媲美的导航者浏览器，便成为唯一能与微软在这个领域一争高下的公司，而它的所有资产就是导航者浏览器这一软件。因此，财务管理也将把无形资产管理作为重要内容，加强企业无形资产的管理。即便是兼并重组等，也要对无形资产进行科学评估。因为，无形资产的影响力是其他资产不可代替的。

在电线电缆行业，"快鹿"是一个与"熊猫""星河"齐名的著名品牌。当时，这家国企破产时，员工竟守住工厂的大门不让民企老板进来。5年过去了，而今的"快鹿"产品从上海走向全国，又从全国走向了世界。快鹿集团今天的冠名本身就是充分利用了原来国企的品牌这个无形资产。而今，在"快鹿"的名义下，快鹿集团不仅把这个国内知名品牌推进国际市场，与国际上一些著名的跨国公司实现长期配套业务，而且还发展了延伸产业。投资建设了上海镇江快鹿工业园区。这个民企投资开发的工业区是目前国内投资规模最大、投资面积最多、招商引资效果最明显的国家级民营工业园。

因此，在企业的资产管理中，财务人员要注重积累和扩大无形资产的价值和使用价值，以无形资产的增量去改造和带动有形资产存量效能的提高。

另外，知识资本也是无形资产。随着企业知识资本的增加，企业经营业绩、财务状况和发展趋势越来越受制于知识资本的作用。因此，财务分析应包括定期编制知识资本报告、评估知识资本的价值，披露企业在技术创新、人力资本等方面的变化和投资收益，便于投资者了解企业知识竞争力的发展情况。同时，融资中也要合理确定传统金融资本与知识资本的比例。通过对资本结构的调整，使企业各类资本形式动态组合达到收益与风险的相互配比，实现企业资本结构最优化。

造成财务风险的原因

在激烈的市场竞争中企业要发展就意味着某种程度的风险，可是不进取就必然会被淘汰。因此，关键在于企业经营者应当掌握应付风险的本领，提高风险承受能力，理智地应对财务风险。财务人员更要做好决策者的参谋，帮助他们规避财务风险。

企业财务风险按财务活动的基本内容划分，包括筹资风险、投资风险、资金回收风险和收益分配风险这四项。要规避财务风险就要先分析造成风险的原因。

造成企业财务风险的客观原因一般有：

1. 政策风险

国家产业政策、财税金融政策的变化，对企业产品的销售、资金筹集等产生不利影响。一般来说，这些政策的出台都和经济波动的周期性有关。

比如，在经济高涨时期，市场购销两旺，国家政策大力扶植，企业效益普遍提高；反之，在经济萧条时期，市场疲软，国家也会出台相关紧缩银根的政策。此时，如果投资项目，风险往往较大。

2. 价格风险

如在通货膨胀情况下，物价上涨，尤其是与企业生产经营直接相关的材料价格上涨，必然带来生产成本的提高，导致企业盈利能力下降。

3. 汇率风险

由于世界金融市场上的汇率波动等原因，企业在对外贸易的结算过程中会出现因为货币贬值而蒙受损失的情况。

造成财务风险的主观原因一是因为决策者盲目投资，管理不善等；一是因为财务人员缺乏经营意识，不能起到正确参谋决策的作用。因此，不论是哪一种原因引起的财务风险，财务人员特别是财务管理者都必须研究风险的管理办法。要在识别风险的基础上对风险进行定量评估，合理预计风险发生的概率和可能造成损失的程度，为企业风险的预防与控制提供依据，并采取相应措施，及时应对市场变化。

一般来讲，在企业内部，可采取以下方法和措施降低风险：

· 规避投资风险

盲目投资造成资金浪费是资金低效的重要原因。

许多经营者会把闲置的现金用于投资，以获取更多的投资收益。但是，投资的目的是要有效益，要有风险意识。因此，财务部门要多方收集企业外部的有用信息，主动研究市场，自觉参与企业投资项目的测算论证，加强长期投资的可行性研究，对投资项目定期审计与监督，跟踪考核项目的资金使用效果，准确比较项目的投资回报率和筹资成本率，追求投资效益最大化。若某项投资活动风险很大，且很难正确把握经营业务活动，要权衡利弊得失，尽量规避风险。

·分散风险

即便是可行的投资，企业也应该在降低风险与增加收益之间寻求一个平衡点，以确定最佳现金流量，做好投资成本控制。

在这方面，李嘉诚的经验可以借鉴：

（1）业务组合。李嘉诚的思路是：不同的业务有着不同的回报期，如果公司的业务大部分是回报期短的业务，比如零售和酒店，盈利波动就会非常大。如果公司的业务大部分是回报期长的业务，例如基建和电力，资金回流会比较慢，而且因为资本投资较为巨大，容易出现资金周转不灵的风险。最理想的是将不同回报期的业务进行组合，以实现回报期上的风险分散。

（2）投资不同地域的业务。比如，李嘉诚的"和记黄埔"的货柜码头业务，经营着全球30个港口，共169个泊位。货柜码头业务的总收入能保持稳定的增长，主要原因在于其港口业务分散在不同地区。表现好、盈利增长快的地区往往以支持表现相对较差、盈利增长缓慢甚至呈负增长的地区，使码头业务的整体盈利始终保持正增长。

·转移风险

指企业通过某种手段将风险转移给其他单位共同承担的办法，主要包括：一是投资社会保险。即企业通过事先向保险公司交纳保险费，用于意外损失的补偿。二是签订长期合同，将一部分风险转移给对方。比如，分期付款或者先发货后付款等。这种方法可以转移风险。三是转包经营。即通过租赁经营或承包经营将风险转移给其他单位或个人。

比如，李践曾告诫："不要接超过公司生产能力15％以上的大单。"

如果超过公司生产能力15%以上，如果没有资金支持的话，就有可能被噎死。在这种情况下，可以考虑把部分订单转包给可靠的同业公司，这样风险也转包出去了。

· 缓冲风险

通过设立偿债基金、坏账准备金等，以缓解一旦遭受损失对企业造成的重大冲击。

· 控制风险

2003年年底，正值新东方成立10周年的时候，俞敏洪下决心投资3亿元人民币购买一座集教学与办公为一体的现代化办公楼。他认为购买后不仅房产的产权归新东方所有，而且还能以此为优质资产做抵押。经过反复权衡，他最终选择了中关村金融中心。

但是事与愿违。2004年1月，新东方支付首期款1.1亿元后，俞敏洪发现这栋楼原来的风景区附近矗立起8个庞大的制冷塔，而且制冷塔运行时发出的噪声很大，明显影响新东方在此办公。

在与开发商无法协调后，双方对簿公堂。于是，有人担心新东方是否会陷入资金链断裂的危险境地。对此俞敏洪解答了公众的疑惑。他说，这件事对新东方的现金有一定的压力，但还没有超过新东方现金流的警戒线。因为新东方投资原则中有一条就是"30%原则"——新东方付出去的钱不会超过储存现金的30%。新东方更不会把应收账款都当公司的现金流。

新东方能稳步发展，俞敏洪对于现金流的关注和控制可以说至关重要。

· 战胜风险

当企业内部的集资不能保证现金流的正常运转时，可以考虑向社会融资的方式。

在企业的发展中特别是高科技企业的创业和发展中，离不开风险投资家们的帮助。但是，如果这些投资家们是"鲨鱼"式的，就要做好战胜鲨鱼的准备。

2004年，谷歌顺利买下百度2.6%的股份，当外界普遍担心百度以后会被谷歌全面收购时，百度却抛出了"牛卡计划"，彻底斩断了谷歌的收购之心。

"牛卡计划"的方法是：将百度上市后的股票分为A、B两类，A类股票在表决权中每股为1票，B类股票在表决权中每股为10票。虽然李彦宏及百度高层拥有的股票比例不及谷歌和原始大股东，但由于他们拥有将B类股转为A类股的控制权，谷歌只得将持有的2.6%的百度股票售出。

因此，财务人员要提高自己的融资能力，一旦"鲨鱼"要吞噬你时，有可以战胜它的办法。

总之，财务管理是一项综合性强的经济管理活动，它不仅包括成本管理，还包括筹资管理、投资管理、权益分配管理等。这些都与企业的成本密切相关。现实经营中，各成本因素间是存在互动关系的，哪一个环节发生了风险，都可能增加企业的成本。因此，财务管理不仅要关注现金流，更要通过价值管理，通过价值管理来协调、促进、控制企业生产经营。这才是建立现代财务成本控制的新观念。

第七章 降低人力成本，为企业"瘦身"

招工越来越难，新《劳动法》的实施……人力成本越来越高，怎么办？

裁员？削减福利？虽然这两招是最快速、最见效的办法，但它会给企业带来极大的伤害和负面影响。裁员不但严重地损害了企业的社会声誉，而且伤害了企业内部员工对组织的情感。削减福利（或直接减薪），也是导致员工流失的重要推手。

企业里长期工作的员工，是企业宝贵的人力资本，失去他们将对企业的未来发展造成消极影响。因此，砍掉人力资源成本，要时时顾及员工的利益与想法。

企业人力"瘦身"的3个办法

很多企业管理成本升高，就是由于企业摊子太大，结构臃肿，消耗过多造成的。

据相关研究机构的调查，企业越是庞大，组织结构就越为复杂。

当企业发展到一定规模时，许多功成名就的员工就会加薪封赏，上升到管理者，企业就要人为地设置许多部门和头衔，这是一种普遍现象。可是，管理者是否发现，在企业步入良性循环的发展轨道时，这些人失去了创业的激情，也失去了对外界的敏感性和警觉性。如此，企业只是靠人力资源管理的高成本维持着庞大组织的运转。

　　就像一个身材肥胖的人不可能当上赛跑的世界冠军一样，当企业步入与世界接轨的跑道时，如果机构、组织过于膨胀，企业就无法跑起来，最终只能被淘汰。一个臃肿的企业，是没有效率可言的。主要表现在以下4个方面：①组织层级的紊乱；②职责分工不明、相互推诿；③内部沟通渠道更加复杂化；④组织中的决策链不断加长，信息失真；⑤增添了管理费用，分散了有限的资金，加重了企业的财政负担。这些情况将会直接导致企业竞争力的下降。如果不对人员和机构进行精简，就会使企业管理陷入官僚主义的泥坑。

　　而且，随着现代科学技术日新月异的发展，市场需求的复杂多变，企业管理会遇到许多新情况和新问题，即便是昨天需要的机构和人员，今天可能就不那么有效和称职了。由于能力的约束而造成的管理滞后，也会增加企业的成本，导致企业效益降低。

　　企业管理并非管理人员越多越有效率，公司的管理人员人数，要与公司的内部组织单位成正比，而且管理人员在精不在多。因此，要想降低企业内部成本，需要对企业"瘦身"，按照现代企业经营的效率原则及时地调整企业机构和人员，才能使企业时刻保持生机与活力。

　　那么，企业应该如何"减肥"，让自己的身段苗条起来呢？

　　1.对公司内部的组织部门进行合并调整

如果把企业比作人的话，过多的组织架构就是身体中最沉重、多余的部分。因此，减少这些组织中的机构和人员，是企业人力资源中节约成本最直接的做法。

有些企业的组织架构设置是不合理的。比如，一个小型的房地产公司，就设置了公关部、广告部、企划部等部门。每当企业搞活动时，仅是这些部门计划报告需要总经理过目审批等就应接不暇，占去了他工作的很多时间。因此，就可以把这些功能相近的部门合并起来，比如可以合并为一个企划中心。另外，像总务、后勤等也可以一起合并到后勤部门，通过工作流程予以制约。

对一些功能相同但是科室较多的部门也可以进行合并删减。比如，有个轧钢厂设有5个销售科室，每个科室都有主管负责区域市场，即便有些科室开拓不力，其他科室的业务员也不能越雷池一步。像这种情况就增加了工作的难度，也降低了劳动效率。因此，可以合并调整为两个科室，精简掉其他科室的主管，既节约人力资源费用，也会提高工作效率。

2. 裁掉非生产销售部门的冗员

许多企业在降低人力资源成本时总会先从公司的行政、总务、后勤等部门的人员开始裁减。在他们看来，这些人员比不上生产或者销售人员对公司的贡献直接，因此可有可无。特别是当公司的经营绩效不佳时，这些人员往往会被认为是一项很沉重的负担优先裁掉。虽然这些人员不能直接为公司创造效益，但也是公司中不可忽视的软实力。如果你的企业中这些部门的人员过多，人浮于事，或者阶段性的工作告一段落，不再需要相关人员，可以考虑裁掉。重要的是留下那些一专多能的管理人员。比如，在一个200人左右的企业中，只有2名办公室人员足可以。一名管理企业内部事务，一名应付企业外部的应酬等。如果设置3~5名，就有些多余。其他仓管、后勤中也是同样。减少冗员，解雇那些不称职的员工，当然就会节约了人力资源开支的成本。

3. 打造扁平化组织

有些企业的组织架构横向机构和中间层次过多，管理层次指从最高一级机构到最低一级机构中设有多少个层级。总经理看起来管理着千军万马，但是，因为企业行政环节多，指挥效率低下。总经理的指示要越过这些重重叠叠的"万水千山"的机构才能抵达企业的最底层。

对此，韦尔奇痛斥"任何等级都是坏的等级"。他生动地形容："当你穿着6件毛衣出门的时候，你还能感觉得到气温吗？官僚体制就是我们那6件毛衣！"

这种情况下，就要从横向和纵向的管理架构上进行内设机构的精简。打造一个像鱼一样扁平化的组织。组织结构扁平化的过程是一个给组织瘦身的过程，让一个部门能够有效地管理多个下级机构。那样企业才能在商海中自由地游来游去。

韦尔奇在通用电气发动的"扁平化风暴"，就是打破原有企业中森严的等级以及沟通与交流的各种边界，开创了一种独特的"无边界管理"模式。

20世纪80年代，通用电气组织机构复杂，从生产一线到总裁中间隔了12个级别。仅是在监督和审核部门中就有"公司财务管理副总裁""公司运营总监"等五花八门的头衔，看起来来头很大，但每当部门内部有重大问题需要决策时，这些副总裁们总是开会讨论也不敢做出决定。这些官僚制度大大降低了企业管理效率。工人们也怨声载道。

杰克·韦尔奇上任后毫不犹豫地挥起利斧割掉了这个"肉瘤"。他缩减机构，从董事长到工作现场管理者之间管理级别的数目从9个减少到4个，"每个事业部领导人直接向首席执行官办公室汇报工作。而且废除了那些华而不实的头衔，每个分公司只留下10个副总裁。"

单是精简管理阶层，杰克·韦尔奇就为通用节省下4000多万美元的开销。依靠这种扁平化的组织模式和无边界的沟通方式，不但节约了大量的人力成本，也使通用获得了新生，走上了灵活主动、不拘一格的发展之路。

对于任何一个企业来说，在竞争激烈的今天，面对市场风云变幻，只有具备快速灵敏的反应和调适能力，想方设法让自己的身段变软变轻，变得更机动、灵活，才能让企业立于不败之地。因此，对于那些组织架构不合理的企业要着力精兵简政，砍掉那些臃肿、低效，不能创造价值的组织和环节，建立畅通无阻、高效灵敏、快速应对的管理体制和运营机制。那样才能以灵敏的意识、领先的经营理念和开拓创新精神，抓住时机，适应未来的发展要求。

实行绩效考核，提高工作效率

与传统的成本管理方式不同，现代成本管理是一种全面、全过程和全员的管理。既然是全员管理，当然不会忽视对员工的管理成本。

在企业的生产经营过程中，很多成本都是在员工的作业中发生的，员工的产出和成本是决定企业能否生存和发展的关键。因此，企业降低成本的关键取决于每一个员工的努力。

有些管理者只要看到工人们在不停地干活，就感觉有效率。而当工作量增加时，首先想到的解决办法就是增加员工。可是，那些总是非常忙碌，似乎时间总不够用，任务永远做不完的员工，工作效率真的很高吗？即便是因为工作量的增加而增加了员工，他们会给企业带来利润，但同时也是在增加成本，而且两者之间的增加并不按同比例进行。由此看来，管理者如果不懂得如何计算每个员工所带来的具体效益，不知道该怎样控制人力资源成本，必然给企业经营带来风险。

因此，如果企业中，存在一些难以胜任工作、工作低效的员工。作为领导，因为许多事务缠身，可能不会及时发现低绩效的员工。有些部门的管理者因为各种原因，采取放任不管，甚至姑息养奸的态度。某位员工如果永远达不到你的期望，还会浪费大量的时间和精力。低绩效员工会削弱团队的实力，增加公司的成本投入，最终会葬送公司的前途。因此，要让每一位员工创造的效率和效益大于成本支出，就需要绩效考评，将企业目标按照市场中每个人的标准产出进行分解，需要财务部门精确计算每个人的产出是多少。按照绩效考核指标评价工作效率既可调动员工的潜能，也为公司砍掉了最低效的成本花费。

这种绩效考核的办法是：

1. 按完成指标考核

绩效考评对于从事生产或者营销的员工来说是个很实用、有效的办法。工人生产多少产品，销售多少产品，每天每月都可以做出统计。在规定的时间内没有完成就是不达标。

2. 按工作时间考评

可是，很多员工没有绩效，无法考评，比如，办公室后勤、服务人员、保安等，他们不为公司花钱，他们的工资怎么考评？

针对没有绩效的员工，李践的办法是：对他们的工作职责从时间的角度来考评。比如，早上8点上班，就开始从8点开始评估。早上8~9点之间你做什么，9~10点……以此类推。比如，企业的后勤人员会写出8:00~9:00，打扫卫生；9:00~9:30，打扫会议室；10:00~10:30，浇花；11:00~12:00，倒垃圾等。

总之，从上班开始到下班结束，每个小时内所做的事情全部要写出来。每一项任务按照时间来对，并对他们的工作进行检查。如果不在这个位置，工作没有完成，或者完成得不到位，明显就没有达到考评的标准，应该处罚或者调离岗位。按照这种时间考评的办法，任何员工都无处可逃。

3. 工资和绩效挂钩

绩效考核的目的是为了调动员工的积极性，让其个人的绩效和公司的绩效结合起来。因此，每个人的收入也需要和自己的绩效，和部门的绩效挂钩。比如，业务经理，如果这个月他的部门是100万元的目标利润，结果员工只完成了80万元，那么他的工资就要乘以80%。对于总经理来说，如果这个月公司的指标完成了80%，他的工资也只能得80%。

4. 末位淘汰

绩效低劣的员工是指那些"在其位不谋其政"、屡犯错误、赶走客户并在企业组织中造成不满和士气低落问题的员工。因此，考评完以后，就要按照考评标准对员工进行末位淘汰。比如，业务部门，通过对他们的服务态度、工作效率等进行评估，数字打分后，每月的末位数一目了然，三次末位，就没有商量的余地了。长期不能完成任务，说明他不具备该项工作能力，或是工作态度不端正，企业没有必要继续雇用这种不合格的员工。至于非业务部门，按照时间考评的员工，1个月内有3次总是位居末位，也应该考虑调换工种或者调离岗位。

其实，每位员工都有自尊心和成就感。他们不希望拖人后腿，他们也会为自己所取得的成功感到自豪。如此，从各个层次、各个部门的管理者到员工，都要把个人绩效和公司绩效结合起来，也会激发他们的自豪感和荣誉感。

在目前的企业管理的实践中，许多企业都用绩效指标来考核员工。虽然我国企业中绩效评估并未达到让人满意的地步，这些正好说明绩效考核有待于改进。一套完善的绩效指标体系的有效实施需要管理者的视野和境界的提高，也需要员工参与，共同改进。

总之，调动起员工的积极性，最大限度地降低企业的人力资源成本，提高工作效率才是绩效考核的最终目的。

提高员工满意度，预防流失成本

在双向选择的时代，每个企业中都会有员工跳槽的现象。如果员工跳槽是个别少数现象，而且他们是经过深思熟虑后，确实发现企业的发展方向和自己的职业生涯不相符，或者自己工作起来力不从心而跳槽可以原谅。但是，如果企业运转正常，员工在短期内仍然有不断流失现象，就应该引起管理者的关注。因为员工流失会给企业增加很多不必要的人力资源成本。

有个合资企业招聘了一名硕士。在通过面试后，这位新员工开始接受为期4周的培训，之后又被送到国外接受培训。所有费用都是由该企业来承担。结果，在培训期内，该员工和那个企业的管理者发生了矛盾，感觉是上错了船。于是，在培训结束之前，这名新员工就辞职去了另一家公司。结果，这个企业在这名新员工身上花得近1万元的招聘、培训、差旅费等，全部化为乌有。

因为，人力资源成本并不是每位员工的薪酬可以衡量的。其包括作业成本、管理成本、办公费用成本、培训费、招聘费等。一些正规的大公司还有奖金、养老保险、工伤保险、失业保险、医疗保险等各项费用。如果员工工作效益和成本不成正比，企业的损失将是很大的。

以人力取得成本来说，当招聘会的规模越来越大，人员数量越来越多时，面谈的次数也相应增多，招聘成本也随之上升。如果新招聘的人员短时间流失，企业又会增加填补空缺的时间、其他人员的聘雇成本等。即便是内部调换员工补充，从一个岗位转到另一个岗位，或从一个部门换到另一个部门期间，也会产生员工档案交接成本，因熟悉工作、产生错误等诸多因素而带来成本的增加等。

另外，员工离开企业或多或少地都存在对企业一定程度的不满，他们可能会自觉或不自觉地传播不利于企业的言论。这些传言会逐渐破坏企业名声，使企业面临着很难再次招聘到人才的尴尬局面。

因此，面对员工的流失，人力资源部门绝对不可轻视，应该找到员工离职的原因，降低他们的离职成本。

要留着员工，需要培养他们的满意度。员工满意度是员工对薪酬、工作、晋升、管理、工作环境等的看法，会影响员工的工作积极性、流动率、业绩等方面。从人力资源管理的角度来看，衡量人力资源稳定的主要指标包括员工满意度、员工平均在职时间、人员流动率、业绩评估的有效性、员工建议执行的数量与比率等。其中，员工满意度是最重要的，员工满意度是企业发展的重要动力。

要提高员工满意度，企业可以从以下几个方面着手：

1. 增加员工对企业价值观的认同感

管理者应该努力营造好企业文化氛围，使员工认同公司的价值观和目标。员工认同企业文化氛围，团队才会有凝聚力，才能使员工流动率不至于过高。

2. 建立企业内部良好的沟通渠道

有资料调查显示，半数以上的员工之所以离开企业是和主管领导发生矛盾导致的。这就说明企业的沟通机制不顺畅，没有及时了解员工的思想，把员工的不满情绪消除在萌芽状态。

因此，在管理人员与员工之间建立良好的相互沟通渠道，建立透明、开放、和谐的人际氛围，使员工的不满情绪能够得到及时地释放和疏导，有利于留住员工。

3. 创造不断发展和积极向上的内部环境

员工之所以选择自己向往的企业，是为了让自己的职业生涯能够有更加广阔的发展空间。因此，企业应该创造不断发展和积极向上的内部环境，帮助员工更好地安排时间、指导员工提高自我能力、做好人生规划，让他们更好地工作、成长。

4. 重视员工建议的接受和执行

员工建议的接受和执行，不仅会提高员工的工作积极性，吸引员工参与企业建设，还可以提高企业的经营运作能力，降低运营成本。在这方面，很多跨国大企业都很注重这方面的建设，如美国GE公司就把它称为"群策群力"。那样，员工才会有被重视的感觉。

5. 培养忠诚员工

在每个企业中，都有一批这样的员工，他们认同公司的经营理念，熟悉企业的工作流程，与企业的客户群体也愉快相处。这些员工能够为企业和顾客创造丰厚的价值，并且也备感自豪，从而更加积极主动地工作。他们与其他员工相比，懂得如何更好地降低成本，提高产品质量；锁定目标客户；招揽有价值的客户，从而创造更多的销售额和利润。那么，公司就要重点培养他们对公司的忠诚度，把他们发展为公司的栋梁和骨干。并且在他们的带动下，让忠诚员工的规模越来越大。

随着这些员工工作经验的逐渐丰富，他们对企业的贡献也会越来越大。

6. 重视老员工

有些管理者认为，老员工资格老，工龄长，付出的工资多于新员工实在不合算。其实，招聘新员工，不仅增加企业的招聘费用，而且应聘者良莠不齐，不利于企业甄别和筛选。从人力资源成本的总体来考虑，老员工由于经验丰富，工作熟练，不仅会让企业减免了招聘培训新员工的成本，而且对新人的培训可以由资深员工免费提供。同时，有经验的老员工意味着较少的监督和指导，这又进一步减轻了企业的管理成本。

在企业中，所有的员工都与公司的盈利有着直接的联系。只有提升不同层次员工对企业的满意度，员工才会让企业满意，让客户满意。员工稳定，企业就大大节约了招聘费用、培训费用、管理费用。

用薪酬福利激发员工积极性

在人类社会发展进程中，人才是社会文明进步、人民富裕幸福、国家繁荣昌盛的重要推动力量。在企业的发展中，人才的重要性和贡献也是有目共睹的。不论是技术型人才还是经营型人才，他们对公司的贡献都是普通工人的上百倍甚至上千倍。

有个纺织企业，就是因为人才在关键时刻发挥了作用，使得公司取得了跨域式发展。

2002年8月，黑牡丹公司接到了生产世界流行的新产品"竹节牛仔布"的订单。可是，由于设备所限，生产告急。如不能按期交货，公司不仅会丢掉400万美元的订单外加付违约金，还要将市场拱手让人。董事长无计可施。

这时候，技术人才邓建军挺身而出。他带着科研小组奋战15个昼夜，自行设计安装了4台分经机，可成本仅为进口设备的1/8。如此，不但保证了公司按时交货，而且客户满意之余，又续签了800余万元的新订单。通过邓建军对染浆联合机的4次改造，就为企业创造经济效益3000多万元。

纵观古今中外，那些长青的企业没有一个不是在人才的带动下取得跨越式发展的。

可是，不少企业，特别是民营企业，职业经理人做出的贡献再大，也不肯让他们入股或者分得红利。至于对待一些精英人才，甚至会过河拆桥。这种短视的做法无疑是增大企业成本。

精英人才不是掌握一定的核心技术就是掌握大量的客户资源，位居高层。试想，如果离职的是掌握较高技能的员工，那么，在很长时期内可能后继无人，会造成企业后备力量不足的成本增加。如果流失的员工是核心和关键部门，带走了客户资源或者技术泄密，企业将面临严峻的竞争压力。如果员工把公司的重要客户挖走，进入竞争对手的公司，或者管理人员跳槽后将得力下属也挖到新公司，会造成公司业务不能正常运转的损失。尤其是当一些知识型员工跳槽到竞争对手企业或另起炉灶时，科技型公司面临的损失更是巨大的。或者即便没有离开的精英人才也人浮于事，工作没有效率。

这种情况下，企业要以适当的加薪来激励员工的工作热情，提高他们的工作效率，以达到利益共享。记住：薪酬福利是激发员工工作积极性的第一动力！在这方面，世界上不少著名的大企业都有过他们的成功经验。

众所周知，亨利·福特是美国的汽车大王。福特汽车之所以能在世界上确立自己的霸主地位，当然离不开员工的贡献。那么，福特是怎样调动员工的工作积极性，留住精英团队呢？这与他及时调整劳资关系分不开。

有一次，福特在巡视工厂时，发现工人们普遍情绪低落，甚至一些身居高位的管理者也有跳槽的打算。福特对此忧心忡忡。他苦苦寻找原因，得知是延长了劳动时间却没有相应地给员工增加工资引起的。当时，福特公司的利润率已高达20000%。工人们认为，如此高的利润，老板还不肯加薪，未免太抠门了。毕竟，福特能取得今天的成就是全体员工共同努力的结果。

福特了解原因后当即决定，把工人的日工资由2美元增加到5美元，并把公司全年利润的一半分配给员工，对有特殊贡献的管理者和技术人员重奖。对员工来说无疑是一个巨大的鼓舞，正是这一正确的薪酬政策引导着福特公司一步步迈向辉煌。

面对员工的这种低效率工作方式，管理者必须转变人员管理策略，建立有效的激励机制，调动并激发员工的工作热情。从管理学的角度上看，人的行为都是受到一定的激励而产生的。加薪就是一种最好的激励措施。尽管薪酬不是激励员工的唯一手段，却是一个非常重要的方法，因为那是员工能力和贡献的证明。员工的付出与回报如果不能平衡，工作动力便无从谈起。因此，当企业达到一定规模或利润率时，更应该适时给所有员工加薪，否则，会挫伤员工的工作积极性，更会对企业的整体利益和长远发展产生不利的影响。因为，只要竞争对手比你付出稍高一点儿的薪酬，企业就可能留不住精英。

需要注意的是，加薪并不是以"多劳多得"为依据建立薪酬机制，而是要以"高绩效、高奖励"为标杆，因为"多劳"并不意味着以"好的结果"为导向。对于新员工，根据岗位、能力确定薪级。对于老员工，同一岗位根据年度绩效进行薪级的调整。

老板们可能不明白，增长报酬对公司而言不是增大成本了吗？非也！增长报酬只是短暂地增加成本，从长远来看，它还是一种更大的节约。

当然，企业不可能总是上演加薪这种皆大欢喜的喜剧。管理大师德鲁克曾经指出："如果物质奖励只在大幅提高的情况下才产生激励的效果，那么采用物质奖励就会适得其反。"而且，对于大多数一线经理人来说，行使加薪、提职等硬性的激励权力很有限，但有他们可以采取行之有效的低成本甚至零成本的软性激励方法，激励下属和员工的努力。因此，可以利用与绩效挂钩的薪酬福利来激励员工。

薪酬福利是衡量人才的根本性指标，代表着企业对其能力和长期贡献的认可。企业的管理者应该牢记，薪酬福利也是激励员工的一个重要指标。

激励员工的另一种办法是通过晋级和晋升，不断调动员工的工作积极性。

在中国历史上，皇帝们对做出贡献的大将或诸侯们都会封地奖赏，或者加官晋爵，采取的就是晋级和晋升的办法。因此，在企业选拔人才时，如果企业某个职位出现空缺并且必须有人来接替这项工作时，可以首先考虑重用企业内部现有的员工。在企业里建立有效的内部招聘机制，不仅能够很好地提升员工对企业的向心力，也有利于建设学习性企业氛围，更是企业对员工价值认同的主要表现。

当今世界经济机构正处在大发展、大变革、大调整时期，加快人才发展是企业在激烈的国际竞争中赢得主动的重大战略选择。中国企业要冲出国门，特别是从制造到资本转型的企业，离不开高素质人才的贡献和引领。因此，用薪酬、福利、股份激励他们，留住人才，才能逐步实现由人力资源企业向人才企业的转变。

有效降低成本的人力替代法

在传统的雇佣关系中，劳动力的管理、劳动关系与用人关系是直接联系在一起的。在每个企业中，都会有固有的或者传统的工作方法。其实，这些方法未必就是最好的工作方法。

在许多企业里，由于受规模和业务的限制，很多时候并不需要固定的员工满负荷工作，因此，不妨考虑其他替代方式。这样会节约一笔很可观的支出成本，而且还会提升工作效率。

1. 兼职

某录入公司曾经招聘了一位全职的数据录入工。没想到这位员工干了不到一个月就厌烦了。在他看来，数据录入是一项很枯燥、乏味的工作，整天坐在电脑前面，敲着键盘，太机械了。上午工作效率还可以，到下午，头昏脑涨，没有一点儿工作的愿望和激情。

看到这位员工疲惫的状态，老板把他辞掉了，改聘两个兼职人员。结果这两个兼职者的效率都很高。他们每人只做上午的半天，精力集中，录入速度快。由于是半天，而且工作忙时才需要他们来，聘用两个兼职人员的费用支出比原来低了很多。

由于兼职人员的工作时间、工作地点和工作方式不受限制，只是按照工作的质量取得报酬，他们会自我管理。这在一定程度上减轻了管理的工作量。而且公司所聘用的兼职人员的成本是可以控制的。这种方式既没有固定的开支，也不需要福利保险等费用，付出的成本当然要比正式员工少得多。所以说，聘请兼职人员，可以直接有效地降低人力成本。

时代在发展，企业在发展，员工的工作方式也在变化和发展。从固定工、合同工到现在的协议工、小时工、兼职工作等，工作方式多种多样。当有具体的工作项目时，公司通过缔结合同临时雇佣即得的、合格的劳动力，而一旦任务完成，富余的劳动力马上可以释放出去，免除了人力资源闲置成本发生的可能，从而严格地控制了人力资源管理成本。由此可见，找出传统的用工方式中那些不合理的地方加以改进，使之与实现目标要求相适应才是最好的工作方法。

目前，越来越多的公司、企业为了节省成本，聘请兼职员工的比例在逐步提升。比如，零售业、餐饮业和酒店业等，还有一些职位，例如促销员、销售员、市场调查员、家政公司等，都需要聘请兼职工。因此，如果企业的工作需要，可以考虑采取聘请兼职人员或者钟点工等方式。

2. 外包

人力资源的替代新方式就是外包。人力资源外包可以解决企业专业人员不足或专业能力不足的问题，以低成本、高效率、高质量的人力资源服务转化为企业的一种竞争优势。

说到外包，那些勤俭起家的人可能认为这样会增加成本，不如自己动手合算。是这样吗？

有个农妇剪羊毛的故事很能说明这一点。

有一个农妇，在生活上非常节俭。到了剪羊毛的季节，更是舍不得雇人。农妇想，虽然自己没剪过羊毛，但如果雇人，1小时就得7~10元。于是，她拿起剪刀，向着羊圈里的几只羊走去。

第一只羊被她摁倒后，痛得大叫说："主人，你怎么能这样伤害我呢？如果你想吃肉，直接把我杀了就行。"农妇吃了一惊，这才看到，自己竟然连皮带肉都给剪下来了。

"天哪！"农妇大叫一声。现在这年月，给牲畜看病比给人看病花费还大。自己本想攒钱，这下倒好，连原来攒下的钱还得拿出来给羊治病。

这位农妇在人力资源成本的认识上就很短视。

企业的生产经营同农妇剪羊毛一样是同样的道理。有些业务你不一定熟悉，而且即便熟悉如果速度太慢，并没有降低成本。

世界上著名的电信运营商诺基亚可谓电信老大了，即便是这么高级别的企业，并非都是自力更生，他们采取的就是外包生产的方式。

诺基亚在中国的公司绝大部分是一种所谓的"核心公司"。当有开发项目或具体的工作任务时，公司就会与事先审核好的外包公司签订工作合同，或是将项目整个地交给外包公司，或是让外包公司派出一定数量员工来本公司工作，完成约定的任务。

在这种外包服务中，劳动力的使用和管理，以及劳动关系、社会保险关系是相分离的。诺基亚只用人，不管人。这些外包公司员工虽然在诺基亚工作，在日常工作方面接受诺基亚的生产指令、监督及管理，但其工资、福利等事务仍由外包公司负责。诺基亚公司只提供工作场地、办公工具以及担负保障工作安全等生产性职责。

当然，利益与风险总是结伴而行的，人力资源外包也有其风险和缺点。因此，人力资源外包并不意味着企业就可以完全撒手不管了。只有企业和外包方积极配合，才能保证成本控制的良好效果。

总之，人力资源的替代方式有很多种，可以根据企业的工作需要选择适合于自己的方式。只要达到了降低成本、提高效率的目的，就是正确可行的。

人力资源成本管理的关键问题

员工的薪水是企业人力资源成本中数额最大的一个项目，因此，当企业面临严峻的生存环境时，裁员就成了削减成本的第一刀。在管理者看来，裁员不仅是人力资源优化的有效方式，也是削减成本的重要手段。因此，不少企业都把裁员当成了走出经营"泥潭"的一个捷径。

然而，不经深思熟虑就削减员工，到头来很可能身受其害。大规模裁员不仅要赔偿经济损失，更多的是关系到员工或者员工家庭的生存问题，甚至会引发社会问题。

2007年3月16日，空中客车公司的数万员工在欧洲各地举行罢工示威，反对公司大规模裁员和进行结构重组。空中客车各分厂的员工都会举行罢工和抗议集会来施加压力，反对公司要削减1万个职位的"动力8"重组计划。

曾经在网上沸沸扬扬的"联想不是我的家"的帖子也让联想的形象大受影响。

而且，裁员并不是免费的，要付出解雇费或失业补偿费，还要符合国家的有关政策规定。裁员会带来许多隐性成本，包括解雇与重新雇用员工的成本、管理层丧失工会的信任、经济反弹时员工的短缺以及留下的员工变得更为谨慎或钩心斗角等。因此，在你发出解雇某个员工的通知书之前，要理性权衡。第一，该员工是否确实处于闲置状态；第二，他被解雇后，如果一些工作没人来做怎么办？在决定动手术之前，就要做好各种准备工作。

因此，企业在裁员的同时，也要考虑到这一行为可能带来的负面影响和增加的人力资源管理成本。

可能有些管理者会说，我们裁掉的都是不符合公司发展的，或者无法胜任工作岗位的员工。即便那样，裁员也并不是真正的节俭之道。企业最大的财富是什么？除了长期积累的无形资产外，员工是企业所有有形资产中价值最大的财富。员工不仅是执行降低成本任务的主体，也是用智慧降低成本的第一软实力资源。因此，降成本应该是留下具有价值创造力、熟悉业务和作业流程的广大员工。

裁员就像服用能迅速减轻体重的神奇减肥药一样，单纯靠企业裁员也许能够奏效，但也很可能是短期性的。虽然也能缓解一时之急，但并未从根源上改变那些使成本日增的因素。

其实，人力成本控制的关键不在于可裁减多少人，或只靠多少人就可运营，真正的症结在于要如何运营？是否已充分调动所有的员工，并提高各种产品以及服务的质量。

因此，人力资源成本管理的关键问题是：

1.让员工拥有正确的成本概念

在工作中，很多员工只满足于工作量的完成，并没有详细分析每一种零件的成本，也不知道不能按时完成会造成多少损失。因此，要让员工知道工作的成本以及不能按时完成的损失后，他们就会想办法降低成本。

如英航就对维修员工提出类似问题：你在维修一架747飞机时，会投入多少成本？一架747的维修工作延误一天，将会使公司损失多少钱？如何才能尽快取得所需要的维修工具，避免延误飞机的维修时间？很自然，你就可从员工那里得到很多构想和建议，从而节省很多成本。员工知道正确的成本之后，就可以想办法降低成本。

2.鼓励员工休假

当企业生产或业务进入淡季时，如果有员工愿意放弃部分或全部薪酬休假，又不影响到整个企业的正常运转，企业是可以批准休假的。

面对2008年的经济危机，戴尔公司发言人大卫·弗里支向全体员工发出了一份备忘录，要求员工考虑接受最多5天的无薪假期以避免更多裁员活动。

在韩国，陷入亏损的海力士半导体集团，也要求所有的员工休2个星期的无薪假期，以渡过经济"寒冬"。而在新墨西哥州的一家英特尔工厂，一些部门的员工可以在夏季选择2个星期不带薪的假期。

这种无薪假期的设立，并不是对员工进行处罚，而是为了帮助企业在经济不景气的时候节省开支。因此，企业应该尽量与员工在这一方面协商一致。

飞利浦公司是以员工福利为主导的企业，员工有相当多的成长机会，即使辞职之后人还没有离开飞利浦公司，之前所享有的一切福利仍然照旧享有。于是，许多员工在离开公司之前拼命地休假，部门主管即使知道，一般也不会过问。

这么做，公司不是在当冤大头吗？员工在离开公司后，往往会说公司的好话，通过这样的口碑效应又吸引其他有才之士前往飞利浦。

3. 从高层开始裁减

如果企业遇到削减薪酬的情况，首先应从高层管理者做起，这样才能平衡员工的心态，缓和员工的情绪。一个企业，就好比一个军队。领导者在这里就充当了元帅的角色，只有军心稳定，才能夺取胜仗。

"9·11"恐怖袭击后，美国旅游业急剧衰退。嘉信公司决定开始削减工资。但是，他们先从公司的高层做起。两位CEO各削减了50%，执行经理削减了20%，高级经理削减了10%，经理则削减了5%。而公司总部所有人则不再领取工资。

这样，尽管员工损失了20%的薪酬，但由于看到高层管理者的薪酬下降了2/3，也就没有任何异议了。

4. 决不裁员

实行尽量不解雇员工的政策，有助于打造更忠诚、更富有生产效率的员工队伍，提高客户的满意度。并且员工会锐意进取，因为他们知道自己的工作是稳定的。

一些公司不管是否景气都严格奉行不裁员政策。如西南航空公司，在其他航空公司纷纷宣布裁员20%时，它则采取了另一种解决问题的方法。该公司的CEO詹姆斯·帕克宣称："我们愿意承受某些损失，甚至是对我们股价的损害，来保住我们员工的工作。"在其后的30年间，西南航空公司从来都没有因为燃料涨价、经济衰退及海湾战争等因素而通过裁员来削减成本。

人力资源管理的目的，就是要用较经济的成本来促使员工创造最大价值，让员工创造的价值远大于所投入的成本。因此，尊重员工让人力资源产生最大效益。两者互相促进，共同发挥作用，企业才能盈利，才能成长。

员工工作高效可有效降低成本

员工是否高效，企业能否盈利，是相辅相成的两大要素。由于人是有感情、有智慧和有价值观的生命，员工的积极性高，生产效率就高，反之就会低下。因此，企业要控制人力资金成本，不能只是对员工压任务、定指标、重处罚，甚至通过降低劳动条件和劳动保护、削减工资福利等来降低人工成本。这是一种短视和注定要失败的成本管理。

长远的成本管理要求企业关心员工、尊重员工、激励员工，让员工有成就感。员工如果能够不断提升自我，在工作中做到以一当十，在工作时间内高效地完成自己的工作，那么，无形当中便为企业节省下了大量的成本。

提升每个员工的能力，使员工在工作中发挥更大的价值才是根本。

某公司老板要赴海外参加一个商务会议，出差前一周就嘱咐助手把他需要的演讲稿准备好。

在该老板赴洋的那天早晨，副经理问老板的助手："你负责的文件打好了没有？"

助手睁着惺忪睡眼回答道："我昨晚一直加班，实在熬不住就去睡了。放心，误不了！待老板下飞机后，我把文件发传真传去就可以了。"

谁知，他话音未落，老板的电话就打来了，开口就问助手："你负责预备的那份文件和数据呢？我专门请了一位翻译，他在飞机上要仔细研究一下你撰写的报告。"

这位主管如实回答了老板。老板闻言，脸色大变："怎么会这样？你耽误我多少时间！"

这位助手听后，脸色一片惨白。

员工的业绩表现在配合上司和同事，保质保量地完成工作，在有限的时间内为公司创造出更多的利润。工作中的拖延和懈怠无形中增加了人力、物力、时间上的成本。而且，如果因为自己的失职使公司失去客户、失去商机，这种代价是任何成本都无法弥补的。

因此，在人力资源的管理中，要让员工明白，效益和业绩才是降低成本的关键。

企业中那些优秀的员工会时时刻刻想着公司的利益，他们总会用自己最小的投入让公司得到大的回报。比如，我们熟知的"每桶4美元"的石油公司销售员，就是用自己工作中最小的成本来换回公司最大的影响力的回报。因此，只有员工自觉拥有成本意识，才会在工作中自觉执行。

有一天下午，长城饭店的一名员工送客人到机场。在候机厅里，他听到了飞机晚点半个小时的通知，原因是机场上空有雾。

这位员工马上想到：既然这趟航班要晚点到达，那么，客人到达机场后已是傍晚，就需要住宿。于是，他立刻打电话给自己的公司，让那边做好准备。之后，他向飞机场的值班办公室走去。

此刻，航班的负责人正在为因飞机推迟而停留的150名客人向酒店预订房间。可是，都没有合适的饭店使他为此焦虑万分。

当长城饭店的员工出现在机场负责人面前，介绍了长城饭店可以安排150个客人时，机场负责人悬着的心才放了下来。

可是，当他看到报价单后，大吃一惊：这个单子上的价钱比别的酒店贵出了好几倍！

可是，结果却是出人意料的，机场最后选择的饭店正是长城饭店。因为只有长城饭店事先准备了。

于是，只凭着一位员工的几句介绍，这么小小的付出就为长城饭店赢得了80万元的利润！这位员工自然也得到了公司的丰厚奖赏！

由此可见，只有充分发挥员工降低成本的主动性、积极性和创造性，企业的成本控制就不会再流于形式。当然，当员工在工作中贡献的业绩远远超过自己的工资报酬时，他们的报酬也会跟着业绩水涨船高。

第八章　物流成本与库存成本

物流成本在企业总成本中占有不小的比重，对企业来说是一个不小的数目。据中国仓储协会几年前对我国家电、电子、食品、日化等行业中的450家企业调查显示，有近50%的企业其物流成本占整个销售费用的12%以上。显然，物流成本下降的空间是巨大的。而降低成本，就意味着增加净利润。

物流长期以来一直被称为企业的第三个利润源泉，降低物流成本是每个企业都想要解决的问题。在本章，将从7个方面来讲解如何降低物流成本。

控制库存比例的7个原则

库存是供应链环节的重要组成部分，有库存就会有保护和管理库存而需承担的费用开支。这就是库存成本。库存成本包括存货资金占用成本、存货服务成本、存货风险成本和调价损失等。

一般来说，库存保持在一定比例，不会给企业增加什么太多的成本。可是，在企业的生产经营过程中，由于各种原因，库存并不能很好地控制到适当比例。如果提前将产品或零件做出来，一旦客户订单取消或变更，必然会增加库存成本。另外在采购中也会发生因为多采购、错误采购等产生很多的库存。这些多生产或多采购的库存，有可能很长时间都用不到或用不完，甚至有些材料会因为有保质期或对环境要求很高而最后被报废。比如，一些布匹、纸张等，在潮湿的季节中就很容易变质，一些金属物品也会生锈等。此外，多余的库存还会带来新的浪费：场地的占用、仓库管理人员增加、搬运增加、储藏的程序增加、货物包装材料费用增加，生产能力不足被掩盖。而且从一定程度上说，库存的积压浪费也就是资金的积压浪费。

据有关部门统计显示，在美国制造业中，平均库存成本占库存价值的30% ~35%。例如，如果一个公司的年库存产品价值是2000万美元，每年其库存成本将超过600万美元。如果库存量可减少到1000万美元，该公司可以节约300多万美元。因此，减少甚至杜绝多余的库存也是企业减少浪费、降低成本的关键。

1. 减少不必要库存

一般企业生产经营的产品以及所需要的原辅材料等少则几十种，多则成千上万种，在大多数的情况下，不需要也不可能对所有的产品都准备库存。

库存管理目标就是要提高可用库存占库存总量的比例，因此，企业的首要任务就是正确确定库存和非库存的物料，尽可能降低那些不应该库存的货物数量。例如，运输途中的库存、滞销库存、预留库存（可交货的订单因其他方面的原因而不能交货）、在制品或者是待检品等。另外，还可以减少一些目前不急用的库存物品。

2. 确定合理的订货方式

要减少库存，避免生产过早、过多或者采购过多的现象，企业各个部门应沟通与协作，准确预计需求。

一般来说，企业的库存管理可以根据自己的实际情况采用不同的方式，比如加工型企业可以根据生产或客户的订单而决定库存量。贸易型公司可以根据市场销售情况决定增加或者减少库存。而有些生产制造产品型企业可以采用计划式的库存管理方式，一是可以在生产量剧增时满足需求，另外也根据生产计划提前备好一些相关的原辅材料，避免旺季原材料涨价造成的损失。

另外，还需要根据物料的种类、数量、规模，物料的供应情况，物料的需求情况等，分清楚哪些物料能够及时采购订货，哪些物料的采购订货周期会长一些，这样也可以确定合理的存货量。例如，对于市场供应充足，随时有可能订到、品种多且价格低廉的货物一般选择定量订货。而对于品种少，缺乏比较严重的物资则一般采取定期订货法。

3. 选择合适的交货和付款方式

大多数仓储成本不随存货水平变动而变动，而是随存储地点的多少而变。因此，选择合适的交货和付款方式，也是降低库存成本的一个重要方面。尤其是在国际采购中，从货物离开供应商的工厂，到实际抵达企业的仓库，需要经过较长的时间和不同的场所。企业离供应商或者客户的距离越短，交货时间越短，库存量相应也可以降低。通用汽车的供应商纷纷将其工厂移至上海，就是为了加快供应时间，降低库存。

上海通用车型零部件总量有5400多种。常用零件的供应商能够在上海附近生产，不用进入通用的原材料库，通用也保持了很低或接近于"零"的库存，提高供应链效率，省去了大量的库存资金占用。

4. 控制整批交货

整批交货的订单对客户来说可以大大降低其库存的水平，但是对供货方来说却是不小的压力。如果供货厂家不能及时按交接期供货，造成多个厂家在同一时期到货，会增加库存的压力。所以企业对此类订单必须要严格控制，在确实需要的情况下，才能向客户提供整批销售。

5. 设立缓冲仓库

有些企业常常是24小时连续作业，如果仓库24小时都开放，会增加人力成本。此时可以设立一个缓冲仓库。夜班时主仓库关闭，可启用规模较小的，离车间较近的，具备领料需要的物品的仓库，保证夜班的正常进行。

6. 做好预留库存

缺货成本是指由于不能满足客户订单或需求所造成的销售利润损失。

举个例子，在没有库存的时候，由于必须要完成一定的产出数量，一旦机器停止运行，马上就会影响到其他部门材料或零件的供应。而如果有库存情况就不一样，如果过去有生产多余的库存存在，即使机器坏了也不会影响到生产的正常运转。

7. 增强"零库存"意识

所谓"零库存"，即保持某些物品的储存数量为"零"。这种方式可以大大降低生产过程中库存及资金的积压率，提高相对生产环节的管理效率。海尔在"零库存"方面是个典型。

但是，"零库存"并非是什么零件都不准备，而是把那些本来可以寄托在供应商仓库中，又不会耽误生产的物品由供应商保管。至于那些远离供应商的小企业来说，当然要为自己储备一定的物品了。因此，"零库存"并非对任何企业都适合。

在供应链竞争的今天，当前仓储管理变得十分重要。降低库存浪费不但要消除生产组织中不合理的库存原因，而且还要注意合理设置仓库的面积和数量。只有从系统的角度考虑，从仓储的各个环节着手，才能实现全方位降低成本的目的。

规范仓管的4个手段

仓库作为一种货品资源的集散地，货品的种类繁多、数量大。有些仓管员因为水平有限还在使用传统的手工盘点等方式，基于文本、表格等纸介质的手工处理。由于数据繁多，容易丢失，时间一长，如果再要进行查询，就得在众多的资料中翻阅查找了。另外，任何人都可查看库存资料容易引起资料外泄。有些仓管员不懂得对物品进行分类管理，寻找时浪费时间。

这一些都说明，仓管采用系统、规范的信息管理手段势在必行。

1.利用条码技术进行仓管

在计算机飞速发展的今天，利用计算机技术改善仓库库存的信息管理，已经成为现代企业所面临的一项重要任务。

实践表明，利用条码技术，在入库及其包装上加贴条码，配之以仓库信息管理系统进行作业，不仅可提高效率，降低作业强度，也将大大提高产品收发作业准确率。

信息输入时，条码输入速度是键盘输入的5倍。入库时，保管员可以根据产品上的条码所反映出的序号、出厂期、生产厂家、单价、保管期等信息，进行实物点验，同时将条码信息录入到管理信息系统；出库时，保管员可根据条码扫描装置选择物品，并完成信息录入；清库盘点时，通用可以持扫描装备进行数量、质量等内容核对，并把采集的信息录入管理系统中，完成清库盘点作业。

在这方面，沃尔玛的成功模式可以借鉴。

这种自动化的方式比起手工盘点既节约人力成本，也可以防止人为原因而拿错的现象发生，提高仓管效率和科学管库水平。

2. 选择适宜的库存方式

要想减低库存成本，确定正确的库存方式也很重要。

众多国家的大公司正在使用立体和自动等两种仓库技术。自动仓库能够充分实现机械化的作业，可大大提高空间利用率，特别是有利于现代化的仓储作业，对于应用MRP、ERP的企业来说，更能够提高工作效率，使仓储作业的成本降为最低。

3. 区别对待，分类管理

有些企业随着产品品种数量和产量的增加，需要配料的品种数量在增加，而到货批次及时间相对集中，时间紧张，在仓储中物品随意摆放问题严重，这样对仓库的现场物流会造成影响。

对库存产品不能一视同仁，而是要区别对待，分类管理，可以将库存物料按照占用资金的大小和销售额所占的比例进行分类。比如，对销售额较大或者生产过程中需要频繁使用的物料可以归入A类，其他比例稍低的归入B类，最低的物料归入C类。根据领取方便、及时的原则安排不同的存放地点。

这种分类方法通过对重点物料的严格控制，在整体提高企业交货水平的基础之上，可以有效降低企业的库存水平，同时又适当照顾一般的物料。

4. 入库和出库人员均衡安排

一般仓储部门都是上午比较繁忙，因为企业的生产和销售等部门办理领料手续一般集中在上午，而下午，如果不是退货或者储存产品等，工作负荷相对比较小。因此，许多仓储人员在上午满负荷工作，而在下午就会有脱岗的现象发生。等到其他部门需要用料时无法领取耽误生产。因此，仓储管理人员最好均衡时间，把人、出库和维护的时间协调好，这样既会提升仓储管理的业绩，也能保证管理的准确性。

库存成本管理不是单纯地削减库存，更需要建立对不同产量、不同品种结构的物品合理库存，规划库存结构，那样才能整体减少库存占用资金。

如何有效地监控库存与现金周转

库存周转率是衡量仓库中的材料、产品等在企业的生产经营中流动的快慢。库存周转率不仅对于企业的库存管理，而且对于企业的生产经营来说具有非常重要的意义。在正常经营的情况下，原材料用得越快，产品出库越快，就证明企业越赚钱。尤其是制造业的经营者，更应该关心库存问题。

可是，许多企业的经理们，特别是主抓生产的经理总是忙于车间的生产，而对那些生产需要的原辅材料不太关心。他们认为那是仓管人员的事情，只要原材料充足不耽误生产就可以。于是，常常有这样的现象发生：硕大的仓库到处堆满货，过道、门口甚至靠近大门路的马路旁边都堆满了产品；库存报表，账目不清。而且仓库里积压的货甚至更糟。相信这种情况你不会感到陌生吧。特别是一些加工类的民营企业，由于生产车间有限，常常把一些钢铁类的产品或半成品露天堆放。

在广东的一家为大型企业生产零件的企业中，就是这种情景。经会计核算，整个仓库库存居然有1个多亿的价值，可是能变现的只有1/5，就是说将近有8000万元的东西要做呆废料处理……这样的库存周转率当然不能说令人满意。

库存积压的就是现金流。企业即使加班加点生产一周，可能都比不上库存的浪费。而且库存越大，并不能保证你的及时交货率就越高，相反只能证明你交货的时间较长，企业的盈利越少。

可以举例说明：有甲乙两个企业，生产同样的产品，获得的产品售价也相同。甲企业平均每天用于原材料购买的流动资金大约为3000万元人民币，每年库存周转率大约在40次左右；乙企业每天的库存资金大约1个亿，他们的库存周转率大约每年15次。假设他们都赚10%的毛利，你说哪家企业更赚钱？很明显，甲企业用3000万元每年赚毛利一个亿，而另外一家则是用一个亿每年赚毛利一亿，谁在市场上更有竞争力一目了然。

有比较才能凸显差异。想一下，你知道你的库存资金里面有多少钱每天躺在仓库里睡大觉吗？你的库存资金每年周转多少次？每周转一次，你的收益有多大吗？

在很多企业中，常常是盘点后，经理们才恍然大悟：我们居然有这么多库存？为什么有这么大的库存？那么，我们应该如何有效地监控库存与现金周转呢？

1. 关注库存周转率

要降低库存成本，就要时刻关注自己的库存周转率。最常见的计算库存周转的方法，就是把年度销售产品的成本（不计销售的开支以及管理成本）作为分子，除以年度平均库存价值。即库存周转率=年度销售产品成本／当年平均库存价值。这个明确、清楚的数字可以帮你检查库存成本是否控制得合理。库存周转率考核的目的在于从财务的角度计划、预测整个公司的现金流，从而考核整个公司的供应链运作水平，以便能够保证在减少库存的同时，保证给客户及时出货。

2. 提高库存周转率

因为每个企业实际情况不同，因此，库存周转率只有参考值没有标准值，只有与同行业或与本企业最好值相比找差距。库存的理想状态是既不能比实际需求太多也不能少于实际需求量；既要保证生产需要，又不能积压浪费。应该遵照存货周转速度越快，流动性越强，存货转换为现金或应收账款的速度越快的原则来安排。

在这方面，奥克斯是个很好的例证。

2004年对于空调行业来说是个灾年。本年度，空调品牌比2003年减少了近90个，企业大多由于库存占用了大量资金，致使无多余资金购置新的产品，资金链条随时有崩断的可能。但是，奥克斯这匹黑马却安全度过，他们采取了什么神奇的魔术？

原来早在3年前，郑坚江就意识到"空调是一个敏感度较高的产品，对于中国的空调企业而言，库存周转率无疑是整个空调制造行业的软肋。"2001年年初，郑坚江就提出："要想提升企业的竞争力，必须把握好的最关键的一个环节就是提高库存周转率。谁要是取得了库存上的优势就意味着占领了空调市场的高地。"

在这种高度重视库存周转率的指导思想下，奥克斯在2004空调的灾难之年安然过冬。

3. 建立库存系统信息化管理机制

在企业中，不正常的库存积压是整个需求与供应链管理流程管理不协调的产物。比如，企业的采购和生产计划不合理，财务人员监督不力，而生产与采购人员在此计划下执行就会产生多余的库存；而仓管人员又是来者不拒，而且也不加以整理和清理，自然就会产生垃圾库存。因此，要保证合适的库存率需要企业所有部门都认真负责，需要销售、采购、生产、库存和财务等各个部门互相配合。要解决这个问题，信息化管理机制可以助你一臂之力。

奥克斯成功控制库存率的秘诀还在于从库存管理系统上引入信息化管理体制。

对于奥克斯来说，通过引入信息化管理体制，把遍布全国各地的51个销售办事处全部接入公司内部网络，各办事处业务员可以实时向总部约货和查询发货情况；而财务系统随时都能准确对账，核算单品进货清单、返利清晰明确；销售系统则根据销售情况提出建议备货表，随时查看当前库存，随时调出销售汇总和毛利汇总及排名，对库存可实时监控。这样就保证了合理的库存。而且即使遇到了紧急插单的情况，奥克斯也可以在第二天的计划中安排生产。

信息化库存系统运行的结果是奥克斯的库存周转率明显提高。与2001

年相比，2002年、2003年的不配套库存占用比率下降幅度达到35%。

另外，要把好库存的控制开关，还可以采取按订单生产、存货转嫁到供应商那边去；将一些囤积的原材料进行销售等，加快商品销售及应收账款的资金回笼。

总之，"转"就是"赚"。库存周转次数越高，说明你的现金利用效率越高。库存周转顺利，现金就活了；现金活了，企业就赚钱了。

有效降低物流成本的5个办法

库存管理是个多元化、发散式的管理问题，管理者在控制库存成本时不能只是把眼光钉在库存上，而是要从多方面找原因，从整体出发，多个角度分析、平衡库存管理与其他环节之间的问题，从系统的角度控制总成本。比如，库存与装配的矛盾、库存与物流之间的联系等。

在企业经营活动中，物流是渗透到各项经营活动之中的活动。现代物流在社会流通领域占有重要部分，不仅对优化物流网络起着重要作用，而且对整个社会的流通基础设施发挥着衔接、协调、枢纽的作用。任何一个地区物流要素，诸如空港、码头、铁路、陆路、货运中心及各种商业网点流通基础设施能否发挥作用，实现预期的设计能力，现代物流中心发挥着关键的作用。从某种意义上讲，现代物流中心发育不健全，也会严重影响基础设施功用的有效发挥。对于企业来讲，物流中心也起着关键的作用。

　　一般来讲，企业物流的管理内容包括从原材料供应开始一直囊括到将商品送达到消费者手上所发生的全部过程，涉及包装、装卸搬运、运输、存储、流通加工、流通信息等环节。如果说仓储只是被动、静止地接受物品的话，物流中的许多因素都是变化的，可以调整的。降低物流成本对企业的节流同样重要。

　　据统计数据显示，即使在发达国家全年流通费用的支出也占到GDP的10%。而我国由于流通技术水平低，流通效率低，物流成本高，每年全社会支出的流通费用约占GDP的20%，达17880亿元。上述数据显示在库存成本中，物流成本中占相当高的比例。因此，从物流的角度出发来控制仓储成本也很关键。

　　物流成本就是在物流过程中产生的费用，比如，装卸搬运费、手续费、运输费、商品检验费等。物流成本不是从供应商调达物料到本企业过程就此结束，还包括在生产和销售过程中因废品、不合格品引起退货、换货所引起的物流费用等。

　　因为物流是伴随着生产经营而发生的，因此，一些企业的财务管理中并没对物流成本单独设立科目。比如，一些制造型企业习惯将物流费用计入产品成本，商业企业则把物流费用与商品流通费用混为一谈。这样不仅难以完整地计算出物流成本，而且也影响到对自身物流资源进行优化配置实施管理和决策。

要降低物流成本不能只注意到运输、存储、配送等单个要素发生的成本，要对各要素综合控制，才能实现物流总成本的最小化。只有当运输、存储保管、流通加工、包装、装卸、配送等要素的成本最小时，物流总成本才会最小。但是，由于"效益悖反"规律，各环节的成本最小，会影响物流效率。因此，必须通过对各个物流环节进行协调和整合，才能加强物流总成本的控制。

要有效地降低企业物流总成本，可以采取如下办法：

1. 通过效率化的配送来降低物流成本

物流当然离不开车的使用，因此，降低物流要在车上做文章，实现效率化配送。包括减少运输次数，提高装载率及合理安排配车计划，选择最佳的运送手段等，从而降低配送成本。

2. 借助现代化的信息管理系统降低物流成本

企业采用信息系统一方面可使各种物流作业或业务处理能准确、迅速地进行；另一方面通过信息系统的数据汇总，进行预测分析，可控制物流成本发生的可能性。

3. 物流外包

企业可以把物流外包给专业化的第三方物流公司，减少商品周转过程的费用和损失。有条件的企业可以采用第三方物流公司直供上线，实现零库存，降低成本。

4. 实现供应链全过程管理

未来的竞争不是一个企业与另一个企业的竞争，也不是一种产品与另一种产品的竞争；而是一个产业链与另一个产业链的竞争。因此，如果企业物料外包，那么就需要把第三方物流企业和供应商、销售方、企业、消费者等组成的供应链整体化和系统化，使整个供应链利益最大化，从而有效降低企业物流成本。

5. 产业链集群降低物流成本

在同行业内，如果能打造一个产业群，也可以大大降低物流和库存的成本。

2000年，诺基亚在北京经济技术开发区（BDA工业园区）建立了星网工业园，占地150万平方米。而诺基亚公司占地只有10万平方米，其他全部分给了上游供应商。这些供应商有日本、美国和欧洲的企业，也有国内的合资公司和本土企业。至此，一个现代集群产业链结构完成了。

星网工业园建成后，由于上游供应商环绕左右，产业链高度密集，再加上统一的第三方物流中心的配合，所有供应商使用统一的计划协调信息平台，并且与海关联网监管，效率之高，成本之低是前所未有的。诺基亚的送货时间缩短为每两小时一次，所有主要物料基本上都在工业园内用电瓶车运送，成本极大地节省，缓冲仓库基本上不用。

在没有建立工业园时，尽管诺基亚的仓储成本、沟通协调成本和运输保险成本已经降低到同行最低，但仍然无法与现在的情况相比。

物流成本的降低已经在竞争中做到了极致，而产业链集群的战略调整无疑是降低仓储和生产经营成本极大的空间。这些不但是大企业可以做到，中小企业也可以从中得到启示。

良好的物流管理可以通过提高库存周转次数，加快资金回转，降低运营成本，同时也提升了对消费者快速响应的速度和企业大规模订制的可能，这些也可以从一定程度上提高企业的竞争能力。因此，需要加强企业全体员工的物流成本管理意识，在产品开发、生产、销售的整个生命周期中，进行物流成本管理，就不会出现成本管理滞后的局面。

运输的4种隐藏成本

物流成本当然离不开运输成本。与包装、搬运等相比，运输成本在物流成本中占很大的比例。

运输成本是指企业对原材料在制品以及成品的所有运输活动所造成的费用，包括直接运输费用和管理费用。因为在运输成本中，很多成本是隐藏的，不像生产过程中的废品、次品等那样明显。因此，要降低运输成本需要关注这些隐藏成本。

这些隐藏成本包括：

1. 迂回运输

迂回运输就是舍近取远进行运输的一种不合理形式。因为计划不周、地理不熟、组织不当等，在物流的过程中会发生这种迂回运输的现象。这就是不合理运输。这种运输成本往往在计划之外发生。

2. 重叠运输

许多企业在物流过程中，本来都已经制定了运输的合理流向图，一般必须按合理流向的方向运输。但是，也会发生这样的情况。同一种货物，或彼此间可以互相代用的货物，却在同一线路上作相对方向的运送，结果，一方与另一方运输的货物发生重叠。这就是重叠运输。

比如，本来企业的产品是从北京发往石家庄，但是因为邯郸市场滞销，这些产品也从邯郸运往石家庄。但物流部门并不知晓，因此，就造成了产品的重叠运输。

3. 倒流运输

是指货物从销地或中转地向产地或起运地回流的一种运输现象。比如，业务员发给销售商的货太多。这种情况下，往返两地的运输都是不必要的，形成了双程的浪费。

有时，在企业内部，如果库房的车辆流动缓慢，同时集装器具跟不上；或者零件有纸包装、集装箱、标箱等，运输不便，收货时间较长，也会增加二次倒运的过程。

4. 过远运输

过远运输是指就地、就近可以供应的物资，而舍近求远或者绕道，超出了顺流方向限定范围的货物运输。

有些情况下，过远运输是司机运输路线不合理造成的。比如，今天生产需要去甲城市取一桶料，明天又去甲城市为销售部门取一些物品等。

过远运输占用运力时间长、运输工具周转慢，占压资金时间长。远距离自然条件相差大，易出现货损，增加费用支出。

以上这些运输中的不合理现象都会以隐蔽的方式出现，增加运输的成本。

为降低物流总成本需要严格控制在运输方面的开支，加强对运输的经济核算，特别是消除隐性成本。

· "牛奶取货"，降低库存成本

车辆成本是物流成本的重要方面。在物流过程中，常常会发生单车装载率和使用率低、空载浪费现象明显等。因此，结合实际需要合理配货，也是控制物流成本的一项重要举措。

在上海通用中，流行"牛奶取货"的方式。对于那些用量很少的零部件，为了不浪费运输车辆的运能，上海通用让司机们像取牛奶那样，每天早晨，到第一个供应商那里装上准备的原材料，然后到附近或者顺路的第二家、第三家等，依次装上需要的原材料，这样就消除了过远运输造成的浪费。

对于那些生产量大、销售量大的技术密集型企业或者快速消费品行业来说，其存货持有成本就会明显高于一般企业产品。因此，这种方法，对于那些需要供应商的零部件品种较多的厂家来说，比较合适。

对于那些需要数量小的企业来说，可以将几个发货人的小批货物汇集起来发送，在目的地将托运的货物统一分派。这种合并运输的方式也可以降低物流成本。

· 异地分装

有些不易运输的商品，完全可以采取异地设厂或者分装的方式，避免运输的数量不当或者重叠运输的发生。

以珠江啤酒为例，啤酒集中在本部酿造，然后通过先进的槽车将酒液运往各分装企业，这种模式既保证了产品质量，又有利于以新鲜产品占领当地市场，由此节约大量的运输费用，极大地提高了珠江啤酒的产品竞争力。

重视企业外部关系的整合。包括获取企业主管和政府部门大力支持的良好关系；发展稳定的供应商、客户网络关系；培养战略合作伙伴的银企关系；建立协调的工商、财税关系等。

· 线路优化筛选

华北某城市的烟草分公司送货中心配送部有三个组，长期以来在市级县城及所属区域送货。送货线路长，沿线公路两侧大多是村庄，个别村庄路面较窄，会车困难，且坡陡，冰雪天通行困难，而且有少部分线路送货量小，常常出现绕道运输等现象。全年要行驶50公里单程。但是，实际送货里程20公里足够。

部门主管经过近一个月的跟车摸底，将每个组的线路里程和送货情况进行对比、筛选，决定将这些市级县的送货线路进行合理调整，避免重叠运输或者绕道运输情况的出现。他们把原来的80多条线路调整为60条。大大提高了配送工作效率，降低了费用成本。

· 合理配车

由于各种车辆的使用功能和存储空间不同，因此，合理配车也可以降低物流成本。

比如，某雪糕厂家在夏季需要发动所有车辆为分销商送货。他们发现，面包车平均每天可送80户，用时4小时，每户平均送货时间为3分钟；而小型客货车虽然平均每天能送110户，但是用时7小时，平均每户送货时间为3.8分钟。从以上数据对比可看出，用面包车送货不但效率高、速度快，而且人员劳动强度低。另外，面包车全年费用（包括燃油费、养路费、保险费等）约为18700元，而双排座货车全年费用约为23200元。因此，他们果断选择了用面包车统一配送。

·减少装卸次数

对企业物流而言，在产品的生产过程中，从原材料进厂卸车到产成品入库待运，要发生若干次装卸作业，如物流中心、配送中心、中转仓库等。而合理装卸就意味着减少装卸作业量，从而减少装卸劳动消耗，节省装卸费用。同时，减少装卸次数，还能减少货物损耗、加快物流速度、减少场地占用和装卸车次，也可以降低商品销售的价格。

有些企业推出了"一次性作业"的方式。"一次性作业"是指在收货或发货过程中，从卸车（船）到入库码垛或从下垛到出库装车，一次连续完成，即货物不落地无间歇。

沈阳大东副食商场出售蔬菜达295种，但是都能以低于市场价格销售却不赔本，主要就是直接与蔬菜生产者建立定购关系。商场与30多家客户签订合同，直接从源头进菜，减少了流通环节与进货渠道。之后利用超市进菜总量上的规模，在品种、周期、质量、价格上，都占有了一定的优势。

这种从源头进货的方式也是一次性作业的表现。

要降低运输隐藏成本，需要把上述措施有机地组合在一起，做出最经济、合理的安排，从而使运输车队能以最低的成本高效率地运行，创造出沃尔玛式的奇迹来。

利用物流配送中心降低成本

配送中心的职能不同于一般仓库只重视商品的储存与保管，也不同于传统运输业只提供商品运输与配送，它把收货验货、储存保管、装卸搬运、拣选配货、流通加工、货品配送，以及结算与信息处理有机地结合起来，通过加强快递配送中心各项职能的管理，大大降低快递配送和连锁企业的物流费用，从而降低整个快递系统的成本。

随着城市的增多和大型化，随着人民生活水平的提高，第三产业日趋发达，但城市的商店或服务企业，一般不设仓库和运输设备，因此配送中心的发展更为迫切和迅速。

有些企业特别是一些连锁类的企业，根据发展规模的需要，常常会集中订货。订货批量大，自然就会增加物流和库存的成本，如果不能及时运到，销售给消费者，就会增加企业的成本。此时，配送中心的作用很关键。

配送中心的作用主要表现在：加速商品流转，降低流通费用；减少入库费用和库存面积；改善存货水平，提高库存周转率。

配送中心既可以自己建立，也可以租赁。一些规模较大、流通管理较好的制造厂，建立快捷的配送中心，可以降低流通费用和提高售后服务的质量。对于不具备建立独自配送中心的制造厂或本身不能备齐各种商品的零售商，往往采用租赁配送中心的方法。

如果是租赁配送中心，既节省了商家的物流费用，又可以把集中大批量订货而享受到的优惠价格让利给消费者。

按照配送中心的服务对象不同，可以分为以下几类：

（1）以大型经销商为主的配送中心。这类配送中心一般是按行业或商品类别的不同，把相关制造厂的商品集中起来，然后向下配送。解决供需节奏或批量不平衡的矛盾。

（2）以零售业为主体的配送中心。它是为专业商品为主的零售店、超级市场、百货商店、家用电器商场、建材商场、粮油食品商店、宾馆饭店等服务的。主要是为了降低物流系统的成本，提高服务水平，提高物资输送末端系统效率等。

（3）以公共服务业为主体的配送中心，如各主要城市的中心邮局和港湾、铁路、公路各枢纽等。这种类型的配送中心虽然多是国有企业，但是，企业的经营发展也离不开。

（4）以转运为中心的配送中心。比如，港口码头、空港等，其作用是实现运输方式的转换（海—陆，空—陆）。

不论哪种配送中心，它们的特点都是将到达的货物迅速地配送给用户。

但是，配送中心不只是简单地将货物重新组合，进入下一阶段的输送或者送给客户。有的配送中心具有仓储和加工的功能，通过商品的加工，扩大经营范围，提高商品价值。比如，一些冷鲜类的食品或者期货类物品，配送中心除了直配、直送给商家之外，还有很多商品都需要实际入库、保管，并且经过加工包装而后出库，因此配送中心具有综合功能。比如，深圳平湖物流基地是一个大规模的物流基地，既有转运和集散功能，也有配送和流通加工的功能。

再如，我国的废钢配送中心也是集收购、加工、配送于一体的。

众所周知，多年以来，我国废钢回收都是归金属回收公司管理。市场经济时期，也有些废品回收的小商小贩收购废钢。因为回收点分散杂乱，规模小，加工技术落后。即便是一些钢铁小企业，购买废钢后自己加工，自己应用，也是投资大、效率低、成本高。在这种体制下，废钢夹杂物不易集中处理、污染控制能力差，不利于实现精料入炉和清洁生产。

为了适应现代钢铁工业生产的需要，我国钢铁协会率先提出了在全国各大区域建立"大批量采购，集中加工，统一配送"的专业化废钢加工配送中心。这个配送中心不是单纯地配送，而是要加工之后配送，提高废钢利用率。对废钢进行加工配送，不仅能缓解铁矿石进口紧张局面，也可以提高废钢利用率，推进钢铁业节能减排。目前，在江苏、广东已形成几个年回收加工能力50万吨以上，几个设备相对先进、管理达世界同行先进水平的废钢铁回收、加工、配送企业。

因此，要发挥配送中心的作用，不但需要增加配送中心的功能，而且还需要找到巧妙的配送方法。

有时，在为客户配送的过程中，每个客户都需要及时到货，可是，如果配货量不足，路线又长，无疑增加了配送的成本。此时，怎样降低配送成本，提高配送中心的效率呢，以较少的成本高效而又及时地把物品运到每一位客户手中呢？此时，可以采取在消费当地组装的方式。

因为有些流通加工是在需求地通过简单装配、分割、包装，冠以商标、重量等作业而形成最终产品；而有些成品的性质和特征是不方便集装箱运输的，所以可以把加工的一部分制造工序留到消费地来完成。例如，自行车、摩托车、家具等的配送等。如果装配好占用的空间大，而且也不利于集装箱运输。这种情况下，就可以把散件集装运输，到消费当地再组装不迟。

戴尔公司的很多产品都是在消费当地完成流通加工的。这样做的好处是在完成大规模生产的同时，又能实现个性化订制，满了客户多样化需求。凭借这一配送方式，戴尔公司的全球订货提前期降至48小时以内。

当然，使用这种异地组装的方式也需要具备一定的条件。比如，产品可模块化生产，零部件可标准化、通用化，否则运到消费当地组装不方便，延迟策略就不可行了。

物流中心是企业之间、地区之间物流活动的枢纽，是众多供应链的交汇点。要发挥配送中心的作用，需要加强信息化建设，只有这样才能降低物流成本，承担起电子商务时代赋予物流配送业的历史任务。

建立物流外包合作关系

据国外权威物流管理机构的调查显示：一个企业的物流运营成本通常占企业销售收入的7%~16%，物流投资占企业净产值的10%~35%。既然物流投资如此之大，物流外包成为企业控制内部成本的炫目利器。

据国外有关数据显示，目前欧洲使用3PL（Third Party Logistics，第三方物流，又称物流代理）服务的比例为76%，美国为58%，日本为80%，而中国目前这一比例尚不足17%，发展潜力巨大，近年来国内物流外包市场发展迅猛，年均增长超过30%。

企业外包的主要目的是为了优化企业资源配置，集中资源与精力培育企业的核心能力。企业通过物流外包一方面节约了物流成本，同时减少了物流设施的投资；另一方面也可以利用外部资源弥补自己资源和能力的不足。

据美国田纳西州大学的一份研究报告称，大多数企业使用第三方物流服务可以获得以下好处：作业成本降低62%，服务水平提高62%，核心业务集中56%，雇员减少50%，资产减少48%。

吉利的顾朝晖也说："如果把吉利汽车公司的物流外包给专业的物流公司，每辆汽车的成本可以降低5%。"的确，出于专心构筑核心竞争力的考虑，很多企业纷纷选择将物流业务外包。可是，并非所有的企业都能"一包就灵"。

目前国内许多企业对物流成本缺乏科学的分析评估，对物流外包的内容与服务商的选择缺乏有效的决策机制，再加上许多企业视第三方物流服务商为卖方而非战略合作伙伴，于是，不少企业始终在不断考虑选择新的物流提供商。这一方面造成了较高的变更成本；另一方面也影响了相互间供应链伙伴关系的形成。

这种现象的形成有着许多原因。

本来，第三方物流在我国的发展只有短短几年，因此，一些物流服务提供商仅仅把物流看成能够快速赚钱的机器，而没有关注物流中心的持续发展。再加上他们擅长的业务领域以及经营地域也千差万别，因而给企业的选择带来了困难。选择不到适合的外包商，也给企业的物流外包带来了许多潜在风险。比如，企业失去对一些产品或服务的控制，增加了正常生产的不确定性，从而影响整个业务的发展；长期依赖某一个外包商，使他们滋生自满情绪而让企业难以控制等。在这种情况下，厂家往往会和外包方说"拜拜"。

昆明一家第三方物流公司就曾经遇到这种情况。

这家公司本来承担着一家桶装水的送水任务，可是，一段时间后桶装水厂竟然自己搞起了送水系统。原来桶装水总经理认为，昆明城只有一家物流配送公司，对方万一不干了或者提出不合理的收费要求，企业就会受到极大的打击。如此，从外包到内包，桶装水公司的物流成本并没有降低。

像这家桶装水公司遇到的情况，也在困惑着许多企业。

那么，应该如何突破限制第三方物流服务商与企业建立客户关系以及进行深入合作的瓶颈呢？

1. 双赢原则

企业在选择物流供应商时，要改变现有的观点，不能置物流供应商的利益于不顾，要以长远的战略思想来对待物流外包，达到供需双赢的局面。

2. 逐步放开外包范围

为了防止对物流外包商的单一依赖，外包项目不要一揽子兜售，可以慢慢扩展。根据物流服务供应商所能提供服务的宽度，让其小试牛刀后，如果确实业绩可以，再逐步放宽范围。

3. 备好意外处置方案

与第三方物流服务供应商的合作关系并不总是一帆风顺的，所以为避免冲突的发生，事前就应该规划出当冲突发生时双方如何处理的方案，一旦有一方的需求不能得到满足时，即可加以引用并藉之改进彼此的关系。

4. 物流供应商自我提升

物流供应商对企业和客户的服务能力有赖于他们自身工作表现的好

坏。因此，作为承包方的物流中心应该努力改变自己，提升自己的能力。

在物流外包方面，广西北仑港口物流外包比较成功。一是因为选项正确。借助自己的港口优势，重点发展以港口物流为基础的服务外包类型，积极拓展汽车配件、注塑机及配件等特色产品的物流外包业务。目前，北仑港不满足于自己已取得的成功，正在向国际配送、国际采购、转口贸易和出口加工方面升级换代。

现在北仑全区拥有物流仓储、交通运输及物流相关企业260余家，与多家企业形成了长期良好合作的关系。

外包意味着双方利益是捆绑在一起的，而非独立的。良好的合作伙伴关系将使双方受益，任何一方的不良表现都将使双方受损。因此，供需双方相互信任和忠诚以及履行承诺是建立良好的外包合作关系的关键因素。

第九章　重视日常支出，从细节处节省成本

　　企业削减成本，不能只将眼睛盯住那些立竿见影的大笔开支，同时也要注意日常支出中的"跑冒滴漏"。就像富兰克林说的："注意小笔开支，小漏洞也能使大船沉没。"要知道，关不住的水龙头，往往是浪费自来水最大的隐形元凶。

　　在本章，将列举5个日常支出中的节省细节。希望读者能举一反三，将成本管理落实到企业管理的方方面面。

砍掉不必要的会议成本

　　如今的中国市场上，很多公司在全国各地都设有分公司、办事处，公司经常要召开销售部门的月度、季度会议，以及与客户、合作伙伴的经常沟通，因此，信息通报会、任务部署会、协调会等名目繁多。就是在企业内部，总结会、庆祝会、表彰会、纪念会，定期会议、不定期会议等也排满了总经理办公室的日程表。如此多的会议不但浪费时间，相应的会议成本是每个企业颇为头疼的一笔支出。

　　在会议成本不堪重负的情况下，越来越多的中国企业必然会考虑利用高效、便捷、低成本的沟通工具来取代传统的差旅和当面开会见面。

· 电话会议大流行

在金融危机后，企业一片砍掉成本的呼声中，电话会议大流行。据2009年，美国最大电话会议运营商InterCall的数据显示，其电话会议业务量在金融风暴以来增加了51%。

无疑，在信息化不断深化的今天，电话会议自然成为解脱企业会议负担的有效方案之一。电话会议既可以免去高额的差旅费、住宿费，以很低的成本实现高效率的沟通，并可以满足企业数百人大规模的工作布置、事件发布、在线培训和客户之间频繁的多方会议沟通，企业用户还能够在降低通信成本的基础上节约更多的时间等成本，确实是两全齐美的好方式。

· 会议瘦身

要降低会议成本，可以通过压缩会议规模和培训数量、时间等方式进行。周会改月会，月会改季度会等；或者两周或者两月合并开一次会。

如果在2009年的Google搜索引擎中输入"会议数量"一词，首先阅读到的新闻便是"石家庄今年全市性会议数量要比去年减少40%"；"昆明2009年各类会议的数量要在2008年的基础上减少15%"；"吉林省2009年以省政府名义召开的会议要比2008年减少10%，并规定3月、8月为无会月"。

· 限时发言

有些会议之所以像"懒婆娘的裹脚布，又臭又长"，就是因为发言者素质或者水平不高造成的。因此，对于这类人，可以告诉他们——限时发言。

众所周知，政府部门是会议最多的，而且开会的时间一般都较长，常常是国内国外，省内省外，宏观大论很长时间说不到点上。现在，这种状况有了改变。

2月27日下午，四川省眉山市连续召开了旅游、民生工程、人口和计划生育、机关行政效能4个会议，每个会议仅40分钟左右。在眉山，这样的"1小时会议"并不罕见。

再如，唐山市政府2009年的一次会议上，8位分管市领导分别部署工作，每人讲话的时间都被限制在20分钟之内，讲话人要在规定时间内把问题讲清楚。

· 自带会议用具

既然是开会，那么，水杯、茶水、笔记本之类必不可少。因此，有些行政管理人员就在会议用品上大做文章。茶要铁观音，钢笔要品牌甚至名牌。把会议当成了变相发放福利用品的场所。即便不是为了变相发放，也会浪费许多资源。会议中很少有人把茶水或者饮料瓶喝光，因此，把每个人的杯子都斟满明明就是浪费。

为了杜绝这种现象的出现，有些企业来了很绝的一手，堵住了这个漏洞。比如，会议所需的记录本、笔等工具，由参会人员自备，机关会议不提供一次性纸杯，提倡自带水杯。各类培训会与工作会原则上在单位食堂用餐，杜绝重形式、讲排场、摆阔气等铺张浪费现象的发生。

· 会议降格

有些会议开支之所以成本过高就是因为会议的规格过高，请了副总请正总，请了总裁请董事长；请了工商请税务，谁不请到都感觉没面子。请的人越多，资格越老，花费的就越多。不但要安排好食宿费、交通费、会场费、会议材料费，而且还要住高级宾馆，吃山珍海味，游名胜古迹，发高级礼品。没有几天，把工人们辛辛苦苦几年的利润都吃光了。这种做法很大程度上是一种劳民伤财。

针对这一问题，许多政府和企业都在严格控制会议的规格、规模和时间。能由分管领导出席的就不再安排主要领导出席。确需主要负责人参加的，须报经办公室批准。各地区、各部门、各单位召开的表彰会、座谈会、研讨会及各类商业性活动，一般不邀请市级领导出席或发贺信、题词等，通过相关制度把会议降格。

·内容要实

企业开会的目的就是为了解决生产经营中遇到的实际问题。但是，许多会议内容务虚不务实，没有重点；甚至讲空话、大话、套话；讨论东拉西扯，漫无边际。因此，改革会议成本必须从充实会议内容做起。这就要求与会者要苦练自己的语言表达能力和逻辑思维能力，做好充分的会前准备。

·财务当好铁公鸡

会议成本的管理必须以节约为原则，以实体规定和程序规定为管理依据，以严格审查为管理手段。因此，控制会议费用也需要财务部门这个铁公鸡把关，做好三个阶段的工作，即编制预算、报财政部门审核、会后报销审核。

财务部门可以根据会议的规格、规模等列出会议的预算标准。报部门主管审核，并经上级经理审批。

对列入会议规划的会议，财务部门要编制会议预算；对未列入会议规划但确需召开、费用支出数额较小（1000元以下）的会议，可以要求主办方事后直接以发票凭证进行报销。

相信通过这样内外把关和与会者自身的内外修炼后，会议成本会缩减下来。

从车辆管理入手

在企业的日常开支中，车辆使用成本占很大的比例。特别是一些家大业大的企业，不仅货车、面包车、轿车等一应俱全，而且仅是高级轿车就排成队，好不威风。可是，你可想过，你每年给加油站和汽修厂贡献多少人民币吗？所有车辆都需要每天满负荷运行吗？

之所以车辆开支成本太高，是因为行政人员对车辆管理不当造成的。因此，要改变这种状况就需要从车辆管理入手。

1. 核定出每辆汽车的月行驶里程

以排量核算每辆车的百公里油耗，预算出每辆车的燃油费用，按预算限定车辆每月费用。

2. 定点加油，消灭油耗子

有些企业车辆多，司机多，因此加油点多而杂，加油次数难掌握，加油的量"短斤少两"，管理的难度很大。有些"油耗子"常常借机损公肥私。

要消灭油耗子，可以选择2~3家质量可靠的合作伙伴，让他们"定点加油"。实行定点加油和一车一卡加油制度，严禁冒用公车为私家车加油，可以有效地避免凭驾驶员个人好恶到某处加油的陋习，也可以降低管理难度，使"猫腻"无处藏身。

当然，一些单位油料费较高的重要原因是车辆老旧，车况不佳导致耗油严重，因此在经济条件许可的情况下，应及时淘汰旧车，按规定标准添置新车。

3. 专车专用

不论在政府机关还是在企业中，公车私用是全国的通病。发改委有调研报告显示，公车使用存在三个"1/3"：办公事占1/3，领导干部及亲属私用占1/3，司机私用占1/3。

如果是顺路、同路等，一点儿都不私用，似乎也不可能。在这种情况下，怎么办？即便是用车人自己埋单，车辆出现损失自己修理有时也会耽误公务。在这种情况下，有的单位出台了"人、车、卡合一"的制度，每台公车只确定一名司机，其他人不能开。由司机本人去加油，司机信息卡与加油卡配套。

也许有人说，这不是给司机打开方便之门了吗？非也！除此之外，还有专门的公务用车管理办公室，对"公务用车"情况根据油耗、里程等进行专项督察，而且定期或者不定期向全体职工予以公布督察结果。对私自出车或利用执行出车任务时改变行驶路线办理私事的司机，按每趟100元进行经济处罚等。

4. 减少车辆使用率

在用车方面，进一步建立健全公务用车使用管理制度。公务用车必须用于公务活动。领导干部应根据工作需要，保证用车；其他各级领导干部或有关人员因工作需要，要提前预约，填写派车单，说明派车用途，用车时间及往返地点。如果是在本市区办事，一律不派车。二是以节俭为原则，尽量做到多次公务一次办理，减少公务用车频次。同方向的，能合乘的必须合乘。休息时间，公务车辆一律停放院内停车场。节假日期间除值班车外，其他车一律封存。

5. 严格审批修理手续

车辆维修费在车辆使用成本中占很大比例。因此，应该在努力降低车辆油耗的同时，严格审批车辆购置配件和修理手续，减少车辆维修支出。

要求各部门车辆报修前必须先填报"车辆维修项目确认单"，到公司指定维修点确认报修项目；对超过5000元以上的维修项目，则必须报经理批准方可维修。

可以通过办公室或者车辆管理科室，每月定期和不定期对各部门车辆保养情况进行检查，对保养状况差的单位进行通报。对于保养细则也应出台相应的规定，例如，要求各部门必须严格控制车辆更换机油的标准；更换轮胎应选择通用、耐用、实用型轮胎，行驶里程必须达到4万公里以上或按其磨损程度进行更换等。对于能耗高、修理费增多的老旧车辆采取拍卖、报废、封存等方式处理。

有家能源公司车队通过对50辆车核定汽车的修理费、油料费，每年节约开支50万~60万元。

6. 严把发票内容关

财务部门要认真审核发票，对年检费、养路费、保险费、停车费、过桥（路）费、修理费的发票，经审核无误给予报销，违章费用一律不报，以保证车辆支出费用的合理性。

7.加强对司机的管理

要想真正降低车辆使用成本关键因素还是在人，因此要重视对司机的管理和教育。必须要求司机在出车前做到检查水、电、油、方向、刹车等，检查相关安全设施是否正常有效，防止带故障出车。

通过宣传教育和一系列规章制度的制定，让员工从内心深处激发起自觉的节约意识，树立安全用车的观念，并且对于节约突出的给予奖励，就可以大大降低车辆在使用中浪费现象，控制车辆使用的成本。

严格控制办公费用

办公费用包括办公用品的采购使用、办公场地和资源的使用及其订阅的一些书报杂志等开支。其中，办公用品费用占据很大数额。

办公用品繁杂而琐碎，而且在人们看来，单批购买也花不了多少钱。可是，积少成多。如果把这些邮运费、打印费、纸张笔墨的费用加起来，可不是一笔小的开支。

一些大型的集团公司，仅每年的办公费用就可以达到百万元以上。其中，有多少是不应该买或者使用不当的，浪费了多少费用，没有人仔细衡

量过。有些大型企业电脑及打印机已达100多台。由于在电脑上管理不严格，造成上网聊天多、给私人打印多、电脑耗材多等浪费行为。仅对这家企业2004年统计，其打印纸、硒鼓、软件等消耗就达40万元之多。有些企业为了搞所谓的"形象工程"，不惜斥巨资购买大型摄像机和数码照相机，企业召开各类会议都要对领导进行录像拍照。

这些费用"不算不知道，一算吓一跳。"

江苏某市的供电公司有位员工算了笔账，仅是将单位的日常简报、文件都通过内网传递，每年可节省3000张打印纸。另外，通过实施设备性能动态管理，仅消防器材一项，每年就可节约开支10万余元。因此，寻找有效的方法控制办公用品的采购、使用、管理，可以在一定程度上缓解"办公成本"过高的困扰。

目前，许多企业也在办公费用方面严格控制。一些企业的行政费用支出在年度预算的基础上普遍压缩5%~10%，中石化提出"干毛巾也要拧出三滴水"的节约成本的策略，在每一张纸、每一度电、每一分钱上都要精打细算。

虽然每个企业的办公费用浪费程度不同，但是要控制办公费用，大致可以从以下几方面做起：

·严把办公用品审批关

为加强管理，规范办公用品的采购、领取及保管行为，既节约开支、减少浪费，又保证正常工作开展，应该在办公用品采购审批上严格把关。

比如，全部办公用品（含日用杂品、劳动保护用品等）的采购、发放、管理工作，由办公室统一负责。能不采购的不予采购；能少采购的不多采购。

一般办公用品的采购，在每月末由有关部门主管首先按用品类别填写好审批单，办公室依据库存及各部门的办公用量核对检查后提出采购计划；最后由办公室或者采购小组办理采购业务。特殊办公用品的采购，由部门提出申请，经行政主管批准后才可购买。

·严把办公用品采购关

办公用品采购要严把采购物品质量关，做到秉公办事、货比三家、择优选买，不从中谋取私利。采购实行双人双岗制。

·做好办公用品的发放与管理

要认真做好新购物品入库前的检查、验收工作，要建立办公用品管理台账，做到入库有手续、发放有登记。对于大型企业来说，可以由办公室交由仓管部门管理；对于小型企业来说，一般由办公室管理。办公室对办公用品的使用保管必须不定期地进行检查核实，发现缺少应说明原因，无原因、理由者，必须由当事人做出赔偿。

不论大中小型企业，一般办公用品的发放，都是由办公室主任或者主管人员签《办公用品请领单》后，直接发放各部门；特殊或者大宗办公用品的发放，必须由办公室主任签字后方可领用。

在使用过程中发现损坏和故障修理，必须报公司办进行统一协调处理及购买，任何部门不得擅自购买，损坏物件必须以旧换新。

·办公费用与部门挂钩

办公费等下达到各部门，制定百元收入成本费用系数，按收入80%、成本20%与工资奖金挂钩考核，超收有奖，超支处罚。对不执行收支两条线管理或以收抵支的单位则从严处罚。这样也可以确保企业收支差额目标的完成。

·正确使用办公设施和资源

为了让员工养成成本意识，最好建立《流程与成本控制手册》。手册从原材料、电、水、印刷用品、劳保用品、电话、办公用品、设备和其他易耗品方面，提出控制成本的方法。

比如，计算机、打印机、复印机等办公设备，长时间不用或下班后要进入低能耗休眠状态或拔下电源，减少待机能耗。

在用纸方面，日常工作用纸要做到双面使用，草稿尽量使用已单面印刷的纸张，不得随意废弃；力推无纸化办公，要求全员充分利用内网进行网络传送。

在用电方面，做到无人时不开空调、开空调时不开门窗，杜绝无休止运转；日常照明尽量采用自然光，非办公区域（如走廊、大厅等）尽量不开启照明灯，杜绝长明灯。

在用水方面，洗手间做到人走水关，严禁滴水和"长流水"现象的发生。

· 缩减办公面积

原审计署审计长李金华说，中国公务员的人均办公面积是"世界第一"。在许多企业中，管理人员的办公面积也很阔气奢华。

可是，一些世界知名的大公司却本着节约成本的原则，缩减自己的办公面积。

在新加坡经济不景气的年代，越来越多的新加坡公司为了削减成本而缩小办公室的面积，甚至不等租约到期就提早解约。

即便是在如日中天的沃尔玛办公室，主管国际运营的杜克，在成为首席执行官之前，一直在一个低矮简陋的灰色房子里办公。在世界上年销售额超过1000亿美元的企业中，沃尔玛的办公室面积有可能是最小的。

· 删除不必要的报纸杂志

在一些国企中，由于各种主客观原因，不必要的报纸杂志订阅了很多，许多都和企业的生产经营无关，占用了一定的资金。因此，在企业改制，报社、杂志社等单位也在改制的今天，企业完全可以根据自己的需要灵活确定报纸杂志的订阅，节省办公费用。

· 应用办公新技术

在高科技和信息化发达的时代，有条件的企业的办公也可以考虑系统化、信息化，这样也可以减少办公成本。

陕西步长集团是国内大型制药企业，步长集团协同一家专门的办公管理系统，经实际数据统计对比，办公效率提高2倍，办公费用单季度降低50多万元。

原来，集团及各分公司、各部门发出的各类文件等都是用纸打印、派发、签收和转发，员工之间传递信息和文件通常采用电话、打印、传真等方式，费时费力。应用专门的办公系统后，员工间信息和文件的传递已大量转化为在线信息，在提高协同办公效率的同时降低了办公费用。

不要小看办公费用这种不起眼的隐形浪费。如果每位员工能够把不合理的浪费杜绝了，把不合理的办公费用砍掉了，就是笔不小的利润！

从不必要的招待费上开刀

近年来，随着人们物质生活水平的提高，奢华招待成风，不论自己有没有实力，都要打肿脸充胖子。

网上曾报道：几位中国扶贫基金会的志愿者去某贫困地区寻访当地的贫困大学生，结果接待的"奢华"让他们有些不太适应：喝的是成箱的纯净水，车上的空调早就打开了……一桌饭就好几百，而且居然有"人头马"。可是，在贫困大学生的家里，房子年久失修只能用硬纸壳遮风挡雨，5毛钱的鸡蛋在学校还舍不得买来吃……对此，大学生感到奢华的饭菜实在难以下咽。

可悲的是，这种不顾实际财力"奢华招待"的现象不仅在政府部门，在企业中也不少见。

近年来，随着各企业之间、企业与政府部门之间以及与相关机构甚至企业上下级之间的交往越来越密切频繁，随着企业公关手段的多元化，随着物价水平的不断上升，企业普遍面临着招待费项目难以列支、费用总额难以控制的困境。结果，在这样稀里糊涂的吃喝中，不仅造成企业招待费支出严重超支，而且造成了企业领导间相互攀比的心态，加剧了企业亏损。

黄石港区审计局在对某国有企业2006—2008年财务收支审计时，发现该企业2006—2008年收入总额为14824万元，招待费支出高达557万元。招待费超标准支出503.5万元，占企业3年亏损总额的58%。经分析，招待费支出严重超标是导致企业亏损的重要原因。对此，群众埋怨"搞生产没钱，发工资没钱，吃喝却不断"。这种怪现象，被群众愤怒地称为"穷庙富招待"。

业务招待费本身企业为生产、经营业务的合理需要而发生和支付的应酬费用，是企业进行正常经营活动必需的一项成本费用。可是，许多企业制定招待费制度不是从企业生产经营业务需要出发，而是按企业领导职权划分招待费标准，每位领导在各自标准内具有支配自主权，单位财务部门只负责记账。因此，财务也无力监控。

在这种风气的影响下，各部门也宴请随意，"先斩后奏"的现象普遍发生；或者变相列支。有些礼品数额偏大，往往以办公用品的名义变相列支。有些效益好的企业不来客人内部员工也常去吃喝。"三天一小宴，五天一大宴"，成为一些企业的惯例。今天你办一桌花1000元，明天我办一桌就花2000元；今天你吃甲鱼，明天我就吃龙虾。这些行为都造成了招待费用的浪费，增加了企业的成本。

对此，全国政协委员杨宝奎曾在一份提案中披露，一年1000亿元的餐饮浪费背后，隐藏着不容忽视的腐败现象。他呼吁采取有效措施，制止因讲排场、比阔气等不良消费方式造成的铺张浪费现象。因此，企业要控制成本需要从不必要的招待费上开刀！

1. 明确招待工作管理的职能部门

招待用礼品、烟酒由主管部门集中统一采购，并严格控制标准，做好使用登记。

2. 规定招待的项目及标准

招待的招待项目一般有餐饮、食品、住宿、参观、礼品等，企业应参照当地消费水平，明确宴请、工作餐和礼品的标准，甚至细化到酒类档次以及数量的标准。工作招待原则上不安排高档娱乐和休闲服务类项目。外地客人可适当安排参观旅游景点。

3. 做好招待费的审批管理

招待费的审批手续，属于哪位领导分管部门来的客人，由哪位分管领导签批并注明招待的标准后，交给秘书安排饭菜。餐后分别每月由财务统计一次，记入相关账户内，并通知诸位领导每月的就餐数额。

4. 建立监督教育和考核体系

招待费的使用情况每年核定公布一次，每月通过办公系统在"厂务公开"栏公布，年度招待费使用情况须向公司职代会报告。

5. 领导以身作则

企业的利益代表国家和人民的利益，任何时候都不能铺张浪费，更不可奢华腐败，因此，企业主要领导要按照企业相关规定，率先垂范，以身作则，反对比阔气，讲排场。

6. 节俭为先

在招待客人时，有些领导总感觉太小气、抠门儿会让客人看不起，因此大摆筵席，吃不完也不会放下面子带走，因而造成了很多浪费。其实，在招待客人时，应本着实用的原则。即使有少量吃不完的，带走也不会给自己丢脸。

有一次，美航老板柯南道尔在美航班机上用餐。他发现送餐的量很大，于是把没吃完的生菜倒入一个塑料袋，交给负责机上餐食的主管，下令"缩减晚餐沙拉的分量"！之后，他还觉得不过瘾，又下令拿掉给旅客沙拉中的一篮黑橄榄。如此一来，既减少了浪费，又使美航每年减少了7万美元的开支。因此，即使在合理的招待费中也要本着节约的原则，那样才能为企业节省开支。

大吃大喝，纯粹是败家子做派，会引起社会的公愤和鄙视，对企业也有害无益。因此，毫不犹豫地砍掉不必要的招待费，不但可以节约企业的成本，而且还可以在社会上赢得知名度和美誉度。

重视食堂成本控制

"民以食为天"，企业内部建食堂本来是为了方便员工的生活，可是，在全社会饮食状况大为改善的同时，许多企业的食堂却产生了巨大的浪费现象：不是就餐人员没吃几口的饭菜乱倒，就是食堂职工掌握不准；或者采购吃里扒外，食材的选购和食品的制作数量无法控制；员工偷食偷拿。有些管理人员认为"常在河边走哪能不湿鞋"，对于这类现象睁一只眼，闭一只眼。再加上有些员工操作不规范，材料浪费、毁损等不合理消耗大。这些都给企业增加了大量的成本。

尽管许多大型企业食堂建立了餐饮产品标准成本卡，但由于信息归集、处理、分析工作量大、手续繁杂等原因，并没有实行标准成本控制制度，以上这些浪费现象并没有得到很好地抑制和根治。

食堂也是餐饮业，它的成本结构分为直接成本和间接成本两大类。所谓直接成本，是指餐饮成品中包括食物成本和饮料成本在内的这些具体的材料费。这是食堂中最主要的支出。比如，每天和每月买米、买菜、买油、买调料花了多少钱等。所谓间接成本，是指操作过程中所引发的其他费用。比如，每月烧燃料费用、人工费用、食堂的设施和工具一次性投入后折算到每月的费用、常规性的设施和工具添置、维护费用等。以上这些，就是食堂总的经营成本。

明白了食堂成本的构成，在控制食堂成本时就不会一味地缩减开支或采购低成本的原料，而会以科学、系统的方法来分析支出费用的合理性，从人、财、物各方面来监督整个过程的花费是否合乎既定的预算。最后以评估和检讨的方式来修正预算，改善控制系统。

1. 做月度预算

如何控制成本，就需要在预算上下功夫。比如，公司有多少员工在食堂用餐？每天吃几顿？各餐的费用标准是多少？做一个月度预算出来，要求食堂严格按照执行就容易控制了。

2. 建立杜绝浪费制度

不论是员工还是食堂内部人员的浪费，可以通过一系列的规定使员工们养成节约食物的好习惯。比如，界定浪费的情况，发现浪费及时向主管汇报，之后由总务或者行政部门对浪费的员工进行监督和处理。并且把处理意见告知全体员工。

另外，还要对杜绝浪费设立奖励机制，将制定的费用定额与班组或个人的经济效益直接挂钩。如果员工杜绝有效，可以给员工表彰或者给予物质奖励，也可以把这些作为其晋升或者加薪的条件。这样也可以达到控制消耗，避免浪费的目的。

3. 严格操作规范

在食堂管理中，有时会出现因为储藏不当、制作消耗、食物分量控制不均等，造成的食物浪费和损害，因此影响成本。所以预先规划妥善的服务流程，严密地控制食物的充分利用，培训食堂用标准食谱和标准分量，将有助于控制成本。

4. 降低原材料成本

食堂中的食物成本比例最大的是采购时的价格。因此，要防止采购的价格太高，可以指定原料采购片区统一采购、配送。以优化资源配置，降低原材料、调料、燃料等的成本。

5. 降低服务成本

食堂在操作上有时是人为导致浪费，比如，服务不当；有意或无心的现金短收；对于剩余的食物没有适当加以处理而出售等。

由于这些情况出现的浪费，食堂要加强培训员工的服务意识和服务流程，包括：端正服务态度、提高服务技巧等，让他们懂得虽然是服务内部职工也需要像服务客人一样细心周到。

菜单设计要慎选菜色的种类和数量。因为每道菜制作所需的人力、时间、原料、数量及其供应情形，会反映在标准单价上。所以标准单价是指按照食谱中制作一道一人份的菜所需要的食物成本。

6. 控制薪资成本

食堂对员工水准的需求也不同，薪资成本的结构自然也不一致。那些训练不够的员工，工作效率自然不高。比如，不熟悉机器设备的使用方式，则会增加修理的次数，增加公司的负担。而这些都会影响人事费用的支出。因此，对于这些员工，要控制薪资标准，有效分配工作时间与工作量，并施以适当、适时的培训，是控制人事成本的最佳法宝。

另外，还可以采取下列措施：

用机器代替人力。例如，以自动洗碗机代替人工洗碗；改进分配的结构，使其更符合实际需要；规范操作程序和方法，以减少事故成本和大修理费用等。这样也可以提高工作效率。

7. 培养节约习惯

员工若没有节约的习惯，会造成许多浪费。因此，行政或者总务部门要教育培养员工，特别是家庭条件优越的青年员工，让他们养成良好的节约习惯。

8. 加强物品的监督管理

另外，也要加强仓储管理，定期查库盘点，做到账、卡、物三对口，避免采购的原材料或者其他物资流失。这样也可以杜绝食堂员工的偷拿现象。

总之，成本控制和实施主体是食堂全体员工，但是，仅靠财会人员或食堂职工来控制实施远远不够，必须靠全体员工积极参与，激发员工搞好控制成本的自觉性。

通过有效的成本控制，让职工食堂能够做出膳食搭配合理、价廉物美、品种丰富的菜肴，确保单位职工都能吃得满意、舒心，就是企业食堂的目标。

第十章　让员工养成节约的习惯

在几年前的《财富》全球500强中，出现了一个有趣的现象：以营业收入计算，丰田公司排在第8位，但以利润计算，丰田公司却排在第7位。原因何在？

丰田公司的利润，很大一部分是由公司员工自觉节约下来的。微利时代早已来临，这是大家不得不承认的现实。几乎所有的行业，都将面临或已经面临微利的挑战，企业面临的生存形势也越来越严峻。因此，节约成了绝大多数企业和员工共同突破微利时代的撒手锏。事实上，单纯从企业和员工的利益关系来说，节约也是企业和员工的双赢。对于企业来说，节约可以有效地降低成本，逐步形成勤俭持家、注重节约的企业文化，成为员工的自觉行动；另一方面，每位员工都能够自觉地为公司节约资源，为企业创造价值和效益，使企业的效益更好，企业就更有能力给予员工相应的回报和鼓励，员工也能够得到相应的利益。

对任何一个企业来说，数量庞大的支出需要每一位员工节约每一笔很小的支出，由此产生的效益就因其规模而显现出来。也许每一名员工节约的钱会显得微不足道，但对于一个企业来说，积累起来将是一笔数目不小的收益。

因此，作为企业的一名员工要积极主动养成为公司节约每一分钱的习惯，不要浪费公司的每一分钱。只有这样才能够使企业盈利，才能使自己得到一个更大的发展空间。

不节约，金山也会被挥霍空

不论国企还是私企，不论企业还是其他单位，不少人的心目中都没有节约的观念。在他们看来，现在经济发展了，物质丰富了，生活水平提高了，节俭的习惯似乎已成为过去。企业效益好了，员工的钱包鼓了，为什么还要倡导节约？

一家大型国有企业的老总就不无自豪地说："我们国有企业天生就是家大业大，而且我们的效益又好，又不是民营企业底子薄。紧日子？有必要过吗？小气巴拉的，能办好企业吗？"

在他们看来，企业是国家的，省那么一点儿干吗？就是省下那几百万，不但对工作于事无补，反而对推动一些部门的工作会造成困难。比如，职工的文娱活动怎么开展，各部门、各单位内部的活动经费从哪里开支等。

于是，在这种观念的指导下，他们大到办公楼厂房，小到水龙头、一次性茶杯，都很大气、很有档次。特别是在大型活动中，为了追求所谓的轰动效应，往往不计成本，把挥霍浪费当成了吸引人们眼球的卖点。

2005年举行的一次啤酒节，某知名啤酒厂商用90吨啤酒打造成"啤酒喷泉"，当汩汩的啤酒白白地流入下水井时，引来的只是一片唏嘘声。

这还不算，即便是在亏损最严重的时候，他们该花的还得花！

于是，媒体上就经常报道这样的现象：某企业领导人不顾企业的经济承受能力，每年都购进高档小汽车，经常坐车去钓鱼、打猎、办私事。某企业领导花3万多元公款给自己买了一部时髦手机，却以5000多元的低价卖给使用者。有的企业动不动就派人到外地去"考察"，"考察"了城市，去山区；"考察"了北方去南方；"考察"完国内去国外。

其实，以上这些行为都是换种方式糟蹋公款罢了。这些浪费十分惊人，令人惋惜。

如果说在国有企业中有惊人的浪费现象，那么，私企是否就没有了呢？

在私企中，也同样存在着攀比炫耀，追求奢侈豪华生活方式的现象。在他们看来，这些消费观念就是时尚。有些管理者不顾企业的承担能力和实际情况，在极端拜金主义和享乐主义的影响下，盲目地讲排场、比阔气、追求享受，追求低级趣味的生活，给企业造成惊人的浪费。在企业中，也经常会看到这样的现象：许多纸张只写了几个字就扔进废纸篓；电脑长时间开启却无人工作；办公室空调在不停地转动而房间却空无一人；卫生间水龙头在哗哗流水却无人在意……在他们看来，偌大的一个企业，还在乎这沧海一粟的浪费吗？

如果不注意节约，即便一座金山也会被挥霍空。这一点，已经被历史所证明。

曾经红极一时的"爱多"，老总胡志标曾经被荷兰"飞利浦"公司按照"私人飞机加红地毯"的总统规格接待过。他1998年就以2.1亿元夺央视标王，以450万元天价请成龙代言广告……谱写了许多财富传奇。

在他与秘书林莹结婚时，更是奢侈至极。18辆车型一样的白色奔驰，放响了138万响鞭炮，而且给那些著名的媒体记者每人一份请帖，附赠200元人民币。参加婚礼的贵宾更是人头攒动，婚礼可谓豪华至极。

可是，这位出尽风头的胡总裁在结婚后的第二年在汕头被捕。实际上在他大肆挥霍时公司已捉襟见肘了。但他仍然没有节约意识，于是，"爱多"这座金山被他挥霍空了。

毛泽东说过："贪污和浪费是极大的犯罪"。贪污与浪费比较，其性质一样恶劣，其危害一样严重。浪费不仅人为增加了企业的运营成本，给企业造成很大的危害，而且还会带来社会意识的蜕变，引发人走向违法犯罪的道路。报刊上常曝光的一些干部走上腐化堕落、违法犯罪的道路，往往是从贪图安逸、追求享乐开始的。

俗话说："不省不成家。"节约是穷人的造币厂，浪费是富人的陷阱。如果人人都铺张浪费，企业的发展就会是短命的，即使那些财大气粗的企业。

"十一五"期间，党中央国务院提出建立节约型社会和循环经济的方针就是为了引导人们对资源的重新认识和利用，打造可持续发展的观念。因此，要缓解资源约束的矛盾，就必须树立和落实科学的发展观，建设资源节约型社会。建设资源节约型社会，当然需要创建资源节约型企业，这是建设资源节约型社会的重要基础。不论国企还是私企，都应该责无旁贷成为建设资源节约型社会的主体之一。

微利时代，企业要发展离不开节约。可以说，通过节约来降低成本，实现成本领先优势，最终赢得竞争是企业管理的永恒主题。因此，向浪费宣战刻不容缓。

在世界500强企业中，不论领导者还是员工都在身体力行着节约的措施。

你知道吗？已经60多岁的沃尔玛亚洲区总裁钟浩成，每次出差只乘坐经济舱，并购买打折的机票。而且他在乘机时间如果发现邻座乘客的机票价格比他购买的机票便宜，公司的相关人员就肯定会因此受到质询。

这种处处注意节约的理念并不是只有沃尔玛才有。被《伦敦金融时报》评选为全球最受推崇的企业领袖第24名的彼德曼甚至从不坐豪华车上班，也不自己开车，而是搭火车上班，而且搭的还是普通车。出差之时，他也不住五星级的饭店，宁愿屈就便宜的小旅馆。并且彼德曼把自己这种节约行为在企业推而广之。可以说，正是这种领导具有节俭精神使劳埃德成为全球最有成本竞争力的银行。

所有员工都要牢固树立"浪费也是腐败"的节约意识，形成"铺张浪费可耻，勤俭节约光荣"的良好习惯，使勤俭节约成为一种时尚、一种习惯、一种精神，在工作中、生活中自觉践行。那样，建设节约型社会才大有希望，企业才会更加富强。

适度"抠门"，减少浪费

在中央提出建设节约型社会的同时，"紧日子"一词，已成为社会上使用频率最高的语汇之一。有些人闻听大吃一惊：为什么？莫非我又要过20世纪60年代初期的那种贫困交加的生活？其实，过紧日子是要人们养成一种节约意识，把每一分钱都省在刀刃上，适度"抠门"，减少浪费。党和政府倡导过"紧日子"，其宗旨是号召全国人民艰苦奋斗，共同努力，闯过今后一段时间内面临的经济难关。

众所周知，在进入21世纪的今天，地球面临能源的枯竭、土地沙化、森林减少、耕地减少、石油紧缺、地球变暖等一系列能源和环境问题。资源和能源就是企业的营养和血脉。随着我国经济的快速发展，资源对经济发展的制约作用日益突出。企业如果只重视生产和利润，对资源盲目开采，对能源不合理利用，最终，企业也无法可持续发展。

君不见，在中国大地上，资源、能源被浪费的现象比比皆是。

在一些地方，重复建设严重。比如，通信管道的资源闲置问题。我们经常看到城市的道路"开肠破肚"，埋入各种管道，其中就包括通信管道。本来，一根光缆就能解决问题，但每家电信企业都要铺一张全国网。据曾任中国联通董事长估算，在我国的电信基础设施方面，因重复建设造成的浪费超过2000亿元。

西部省区蕴藏着丰富的能源、资源，可是这些地方的能源开发出现严重的资源浪费现象。据记者调查发现，有些煤矿的设计生产年限都是百年以上。但是，开采企业不论煤层是十多米还是几米，都只是吃肥丢瘦地从中间开采那么一趟，大量资源被浪费了。

还有一些公司，使用国家扶贫贷款开发产品，可是从建厂到现在根本没有生产出产品，而今仅靠出租门面、院内种一些粮食作物来维持现状；还有些个体业主贷款建大棚发展饲养业，因市场行情变化，加之养殖技术不过关，背负债务，只能依靠收购破烂来维持生活……这些都是土地资源大量闲置的现象。

这些资源和能源的浪费，足以令人感到触目惊心，最终也会影响企业的发展和生存。

要知道，大自然赋予人类的资源是有限的，其中有不少还是不可再生资源，若不节约使用，那么将来我们将共同面临资源缺乏的生存困境。正如一些有识人士所说的，"人类若再不注意节水，不远的将来，世界上最后一滴水就是人的眼泪。"如果每个人、每个企业都不注意节约资源，那么我们的企业也会面临发展的困境。比如，那些污染严重、能耗大的企业，因为没有注重污染问题的解决，最后连自己的立足之地都没有了。因此，建设节约型企业势在必行。这不仅是企业克服资源枯竭和环境污染的约束瓶颈，也是为建设资源节约型社会和环境良好型社会夯实发展的基础。

要创建节约型企业，需要员工共同参与，更需要出台强有力的管理措施。一些企业都在做着许多有益的探索，例如以下几个方面。

1. 宣传教育提高认识

提到节约，有些人可能会发出这样的疑问，节约使用资源会不会影响企业的产品和质量。其实，节约并不意味着限制企业发展。节约型企业是让企业在正常生产经营活动中，对能源、原材料等各种资源实行节量化，尽量实现重复循环利用，尽可能减少各种资源消耗。创建节约型企业，就是指在企业生产经营的各个环节，通过采取技术、经济的管理措施等，以尽可能少的资源消耗和环境代价，实现企业可持续发展，实现经济效益和社会效益良性互动的企业。

通过学习，提高广大员工的资源忧患意识，让每个人从内心深处树立起富有时代气息的节约意识，对可持续发展、循环经济和资源综合利用、狭义节能和广义节能有更深刻的认识。

只有思想上认识到位才能在行动中增强节约资源的自觉性，才能时时想着节约，事事考虑节约。如此，将节约意识最终落实到以责任为核心的企业文化中，并不断提高企业在经营过程中的资源使用效率。

2. 领导员工共同参与

要节约能源首先需要领导的重视和员工的参与。公司领导作为企业作风的引导者，在建设节约型企业中承担着不可替代的作用。在一定程度上说，要将节能降耗工作推向深入，首先领导要重视。员工是企业节能降耗的直接践行者，因此，节约资源和能源要充分发挥广大员工的主体作用。

3. 实行节能措施

节约资源和能源，当然需要具体的措施作为保障。这些措施体现在：

尽量选用环保、节能的新型设备；

做好生产过程中的能耗管理；

做好建筑垃圾的再利用；

开发利用太阳能、地热等可再生资源。

提高闲置资源的利用率等。

比如，某工程公司在施工过程中采用节能型的建筑结构、材料、器具和产品，提高保温隔热性能，减少制冷、采暖、照明的消耗。对于员工宿舍用电这个管理的难点，该公司采用装表计量、严格考核的办法，加强宿舍用电管理。

一些中小企业在政府部门的引导下，利用闲置的学校、厂房等发展生产，盘活闲置和存量土地，加速了中小企业的发展，也提高了土地的利用率。

4. 抓住重点，强化节能降耗管理

提到建设节约型企业，许多人根据以往的经验和观念，首先想到的就是如何最大限度地节省开支，节约工作只局限于缩减或者控制费用上。针对这种思想，企业可以通过组织学习活动，让员工们明白，节约最深刻的含义是最大限度地利用资源和能源。节能降耗是建立循环经济，构建资源节约型企业的重要方略，也是塑造企业长久生命力的关键。

要减少能源和资源的消耗，需要企业不断进行技术创新，加强技术改造，增加产品科技含量与附加值，因此，在企业的生产过程中，要对能源消耗比较大的设备和工艺流程重点关注。比如，某船舶公司，将公司使用的燃油灶改为液化气灶，每月费用仅为烧柴油的1/3，400余名船员每年可节约费用约22万元。

5. 考核奖惩结合

节能降耗也需要树立起成本意识，加强成本管理，使本企业各种成本低于同行业、同类企业的社会平均成本。因此，企业要对各部门明确分工，让员工结合各自工作岗位提出明确的节约要求。比如，对生产的投入与产出整个过程均进行量化；对于各部门和班组，可以推行"小指标"管理，规定了消耗的限额，严格考核各种资源的消耗指标；以完成小指标来保证大指标。另外，还要建立奖惩机制，对在节能降耗中有突出表现的集体或个人给予表彰或奖励，从而刺激广大员工的节约热情，激发他们节约资源的创造力。总之，把节能降耗贯穿到生产的每一个环节，从而使生产过程中的消耗大大降低。

创建节约型企业不仅可以促进企业在较少的资源消耗与较低的企业成本下，创造相同或更多的企业经济效益和社会效益，也体现了企业对于社

会资源节约的责任和贡献。因此，每一名员工都要牢固树立起开源节流、节能降耗的意识，树立起环保节能的新型节约观，人人为建设节约型企业做出自己的贡献。

节约就是创造利润

　　几乎在每个业中，都存在一些大手大脚的员工。在平时的工作中随意地浪费原料、办公用品、住豪华宾馆，吃上等佳肴等。

　　在他们看来，钱是企业的，浪费点儿没有多大的关系。即便节约也是为企业赚钱，和我有什么关系？因此，他们在工作中依旧我行我素，浪费现象屡禁不止。

　　这种似乎无关紧要的行为其实是增大了企业的费用，损害的不仅是企业的利益也是员工的利益。

　　其实，为企业省钱就是为自己省钱。企业的亏损和盈利情况和员工的命运关系密切。企业就是一个大家庭，如果企业成本上升、利润下降，甚至严重亏损，那么任何一位员工的利益都会受到威胁。相反，如果每位员工能够在节省成本上斤斤计较，自觉地为公司节约资源，为企业创造更多的价值和效益，企业就更有能力给予员工相应的回报，每个员工的工资、福利才能得到保障，员工才能够得到更多的利益。因此，为企业省钱不仅是为企业赚钱，也是为自己省钱。

　　有一年，华为集团年终颁奖晚会上，面对公司研发浪费非常严重的情况，任正非把那些浪费掉的材料全部分装打包，给每位研发人员发了一份作为奖金。虽然员工当时可能有些难受，但是也使他们深受教育：公司的资源是不应该浪费的，必须厉行节约！

　　而且节约不仅是为自己赚钱，也可以拓展自己的发展空间。如果每一位员工都能有成本意识，持续降低经营成本，企业才能把节省的成本让利于顾客，获得更高的利润。如此，随着公司的发展，员工的发展空间也会越来越大。能够为企业节约的员工，会在职场中脱颖而出。所以，节约也是企业和员工的双赢。

而且节约一分就是赚一分。

如果说企业开源不易，赚钱要依赖市场和消费者的认可，要经过多少工人的辛苦劳动和多少营销人员的市场开拓。那么，员工每节约一分钱都可以看作是为公司、为自己增加了一分钱的利润。

因为每位员工为企业创造的利润都是双份的：第一份是通过日常工作直接创造出来的有形利润；第二份则是在节约每一分钱的过程中，慢慢地从流程中挖掘出来的隐藏利润。因此，员工懂得节约每一分钱，不仅能为企业创造一份利润，同时也能为企业挖掘出另一份利润。"创造利润是你的责任"。因此，所有员工都应该养成自觉节约的习惯。

1. 一点一滴讲节约

有些员工可能不知道节约应该从何处开始？其实，在日常工作中，只要稍加关注，你就会发现削减成本的机会在我们身边比比皆是。只要我们举手之劳就能节约一滴水、一度电、一张纸……

雄踞世界500强的沃尔玛，其成功的秘诀就是注重处处节约，特别是从细节和小事做起。

有一天，沃尔玛总裁山姆·沃尔顿在一家店面巡视，看到一位店员正在给顾客包装商品，随手把多余的半张包装纸、长出来的绳子扔掉了。山姆·沃尔顿微笑着给这个店员上了一课："小伙子，我们卖的货是不赚钱的，只是赚这一点儿节约下来的纸张和绳子线。"

可以说正是由于沃尔玛公司的这种节约意识，才成就了公司今天的辉煌。因此，"勤俭办企业"，就要自觉从节约一张纸、一滴水、一度电、一两油做起。

可能有些员工对从毫不起眼儿的小事和细节上节约抱着不以为然的

态度，认为这些小打小闹能节约出多少价值。其实不然！平常小事中的节约虽然微乎其微，可是，如果每个员工都能这样做，坚持长久地做下去，"聚沙成塔，积水成渊"，每个人的小节约都可形成企业的大节约。员工们只要仔细留意，就可以将这份利润收入企业的腰包。

2. 修旧利废降成本

2004年5月6日，新华社报道了鞍钢"孟泰仓库"节俭的故事。

"孟泰仓库"在新中国成立后没花单位一分钱，全靠捡拾厂里的废品成立。后来，胡康振加入后，他带领工人，把工厂每次检修换下的不少废旧配件，一一收入仓库。平时闲下来，就对这些配件进行归类，除尘除垢，然后涂上油。这些配件收集进来后又拿出去利用，每年经过登记的流量就达上万件。

单是一块多钱的水管弯头一项，就能节约数千元。因为用量大，每次高炉检修都会换下上万千，可其中大半都可以再利用。于是，很多东西甚至连工厂的仓库里都找不到，但在这里却能找到。

由此可见，企业的修旧利废也可以大大降低成本。

某矿井，也实行了全员回收复用制度，大力开展节约型班组，节约标兵等创争活动，通过鼓励小改革，废料回收等，发动职工全员全过程参与。他们要求员工在井下只要发现废旧材料一律回收，能二次利用的经过修复后继续使用。

3. 自己制作降成本

如果企业需要的一切东西都从外面采购，当然会增加成本。因此，有些简易的工具发动员工自己动手制作，也是一条节约的途径。比如，某工程公司在创造节约型企业中，定期开展实用技术征集活动，鼓励员工人人创新，自己动手制作小工具。于是，机电队员工自制了扳手、卡钳、螺丝刀等小工具；生产准备队的员工自制了锚杆拉直机、管卡子压制机；运销科的员工自己动手对铲车进行维修保养。结果，生产准备队每月节约材料费2万余元，并在全公司推广使用；每月节约维修保养费近千元。

可见，节约成就辉煌，节约积累财富，节约就是效益。在日常工作中，养成节约的好习惯，将自身行为融入企业之中。那样，才能打造出一个节约型企业。企业实力强大了，员工的工资和福利就有可能上调。

让节约变为企业常态

很多企业虽制定了很好的成本压缩制度，但没有得到员工的支持，结果没能取得成效。所以，要想节约成本，关键是员工要具备节约的品质，养成节约的习惯。

可是，有些企业特别是一些国企，任何活动总爱走过场。因此，他们把打造节约型企业也看成是一种迎合形势的活动。到处贴上标语口号，宣传搞得轰轰烈烈。检查团也例行公事、前呼后拥地接踵而至，员工也忙着向节约的目标冲刺。可是，雷声大雨点小，检查团看到、听到的大都是表面情况，触及不到实质性问题。过一阶段后，一些都恢复正常，浪费现象又是野火烧不尽地蔓延起来。

企业中这种走过场的节约活动很容易养成有检查时紧张、没检查时松懈、检查过后不整改的不良习惯。可想而知，在这种走过场的节约活动中，员工暂时地节约一杯水、一度电、一升油、一团棉纱等，做到一次并不难，可是要让他们把节约形成一种良好的行为习惯，天天做、月月做却很难。因此，打造节约型企业重在扎实，要让员工在平时的工作和生活中就养成节约的习惯，那样才能在企业中形成一种节约文化的氛围。

当然，良好的习惯的养成也需要后天培养。特别是在目前生活水平提高，独生子女多的情况下，大多数年轻员工没有节约的意识，他们接触的都是时尚、潮流等。在他们看来，企业家大业大，浪费点儿不算什么。如果节约就意味着要当"苦行僧"，降低生活品质。因此，企业要注重从日常工作和生活的细节中引导员工养成节约的意识，处处注重节约，那样才能逐渐培养他们养成节约的习惯。

我们知道，雷锋是一位勤俭朴素的人，他不论在生活还是在工作中处处讲节约。可是，他的节约习惯并非与生俱来，而是在领导的引导和帮助下形成的。

雷锋在望城县委当公务员的时候，有一次他看见路上有一颗螺丝钉顺便踢了一脚就走开了。可是，令他没想到的是，书记却把钉子拾起来装进衣袋。雷锋对书记的行为有些不理解。

几天后，雷锋要到一家工厂送信。书记掏出那颗螺丝钉对他说："小雷，把它送到工厂去吧。咱们国家底子薄，要搞建设就得艰苦奋斗呀。"雷锋听后顿时明白了。原来书记这样做是在教育和引导自己处处养成节约的习惯啊！

后来他到了部队，在生活和工作中处处注意培养自己的节约意识。而且还用捡来的旧木板专门钉了一个"节约箱"，把捡到的破铜烂铁、边角料、螺丝钉装进去。当战士们或者班组的一些活动需要的时候，雷锋就是从这个"节约箱"里找到了要用的材料。由此，雷锋节约的习惯也逐渐养成，思想和境界也得到了提升。他的节约不仅是为班组，为部队，更是用自己的行动在为国家做贡献。

时至今日，雷锋的精神早已实现了跨越，雷锋不仅成了全国人民学习的节约模范标兵，而且还教育和影响着几代人。

由此可见，培养一种良好的习惯不仅对个人品质的形成具有良好的作用，而且对于社会和公众品质和习惯的形成都影响深远。

员工不仅是企业中的人，也是社会人。因此，让员工形成节约的习惯也具有深刻的影响，不仅是员工品质的体现，也可以推进企业节约文化的建立，推动节约型家庭的建立，进而对建设节约型社会做出贡献。

要让员工形成节约的习惯，就需要让他们从工作和生活中的细节做起，从身边的小事和一点一滴做起。

·领导以身作则

要培养和引导员工养成节约的习惯，领导要注意以身作则，为员工树立榜样。

有位学校的校长，只要在班级或者办公室的纸篓里看见一张浪费了的白纸就会捡起来使用。他的家里有人生病，常年吃中药，他就把包中药的粗质黄色纸收集起来钉成一个个小本，给他上初中的儿子当草稿纸用。

儿子起初感觉他未免太抠门了，可是，当他看到父亲省吃俭用却在汶川地震中一下捐出1000元时，他明白了，父亲的节约是为了帮助更多的人。后来，在这位校长的影响下，老师和学生都形成了勤俭节约的风尚。仅办公用品一项，全年就为学校节省了近万元。

由此可见，节约一些纸张虽然不一定产生很大的经济效益，但你一旦养成了这样的节约习惯，就不知不觉起到了"润物细无声"般潜移默化的影响。如果每个员工都这样做的话，企业效益就很可观了。

·生活中也要注意节约

节约不仅表现在工作中，而且也表现在生活中。只有处处注意节约，才能养成节约的习惯。如果在工作中处处讲节约，在生活中却奢侈浪费，这样的节约就不是发自内心，就无法养成节约的习惯。因此，要培养节约的习惯也需要在生活中体现出来。

一位在香港地区有车、有房、有公司的大款，当他的外甥去香港旅游时，他没有请外甥在大饭店吃饭，而是让他到公司的食堂去就餐。而且饭后还把剩下的菜打包带回了家。

在外甥到东南亚旅游的前晚，这位老总拿了一双旧拖鞋和一支剩下1/3的牙膏给了外甥。返回香港地区时，外甥想这些东西舅舅大概不会要了。当他拿出去要扔向垃圾筐时，舅舅却拦住了，竟然拿回家了。而且舅妈居然戴着老花镜在一针一线地为舅舅补穿破的裤子。

这些事情给外甥留下了深刻的印象。本来，他认为舅舅、舅妈都是香港地区有身份，很富有的人，而这些普通人视而不见甚至认为掉份儿的事情，他们却习以为常。从此，外甥改变了自己大手大脚浪费的毛病，无论工作还是日常生活中，都把节约当成了一种习惯。比如，牙膏、洗面奶之类日用品，用到实在挤不出来时，他还会用剪刀剪个小口，再挤出来一些。办公室，看到别人随手丢弃的铅笔、圆珠笔等也会捡起来；看见水龙头没关紧，就会条件反射般地去关好。

其实，节约并不等于小气，与富裕的程度、物质丰富的程度也没有必然的关系，与年龄、时代也没有关系，但却和社会的文明程度、个人的修养有着必然的关系。

节约是一种美德，是一种观念，是一种习惯。节约不是口头上的呐喊，而是需要一种实实在在的行动，需要每个人树立起成本意识。节约更是一种责任、一种使命。如果你明白我们面临的资源和能源危机，你会感受到节约势在必行。你会感到节约那份沉甸甸的分量。只有以节约为美德的人才会真正感到这种习惯对你心灵的滋养。

只有当节约成为一种常态、一种工作态度、一种行为方式，成为发自内心的需要的时候，企业的降低成本就会落实到方方面面，节约型企业和节约型社会才会向我们走近。因此，为了企业的发展，为了社会的发展，让我们做一个懂得节约的好员工、好公民吧！

节约也离不开创新

节约当然离不开创新，当然，这种创新要有可行性，而不是天马行空地胡思乱想。对于创新，彼得·德鲁克曾经指出，"创新如果不能提供使用价值更高、相对成本更低的新产品和新方法，如果不能更快地取得这些成果，那么，这个创新即使不是一钱不值，也是至少要暂时被束之高阁。"因此，创新就要超越成本的束缚，创出一条新时代的节约之路。只要开动脑筋，你总能找到节约的好方法和奇思妙想。富有创意的节约就是节约能手、节约高手。

日本一支探险队来到南极进行科学考察，队员们冒着严寒建立了一个基地，为了把运输船上的汽油运到基地，他们开始铺设管道，把一根一根的铁管连起来，形成一条输油管。

可是，由于事先考虑不周，铁管用完了还没有接到运输船上。怎么办？如果发电报，请求国内运来，至少需要一个多月的时间。如果不接通输油管，那么，吃饭取暖都会成问题，恐怕还没有鲁滨孙幸运。鲁滨孙漂流的荒岛上还可以种植粮食，这里可是冰天雪地。

正在大家一筹莫展时，队长想出了一个奇特的好办法。他建议做"冰管子"。先把绷带缠在已有的铁管上，再在上面淋上水，在南极的低温环境下，很快就结成冰。然后再拔出铁管，然后把它们一截一截地接起来，"冰管子"就这样神奇地做成了，保证了顺利输油。

一流的创新者即便在节约中也会时刻想着创造，怎样以最小的代价和成本赢得最大的利润。

在一家建筑公司的维修中心，有位员工每次接到工程机械的维修任务时，并不急着动手维修，而是对机器准确会诊后拿出多套维修方案，他的维修原则是，能更换零件的绝不更换组件。尽量争取在保证维修质量的同时，把维修成本降至最低。

此外，他在维修中还注重创新。比如，焊接汽车零件时，他从省时、省工、省料出发，总是思考着怎样能保证质量又能节省焊条和用电量。他在维修中不像其他维修工那样把焊接的地方全部糊满，而是在关键、重点部位焊接好，这样并不会影响维修质量。结果，他接手的焊接工作比其他维修工少点击1次，比其他维修工可以节省3根焊条。对此，公司给了他很高的评价。在他的经验推广下，整个维修中心都推广了他的方法，1个月就节省了300根焊条，大大降低了从前的维修成本。

由此可见，创新就在我们身边，不论产品还是工序，只要我们开动脑筋。创新可以以最低、最少的成本为企业创造最多、最大的利润。

浙江义乌有个吸管厂，年产量占全球吸管需求量的25%以上。可是吸管每支利润仅有8 ~8.5毫厘，如此低的利润他们是怎样发展壮大的呢？奥妙就在于他们从每一厘、每一毫的成本中找到节约之道。比如，晚上电费比白天要低，因此，他们就把耗电高的流水线调到晚上生产；吸管制作工艺中需要冷却，生产线上就设计了自来水冷却法。他们没有投入更多的资金和资源创新，而是凭着自己开动脑筋，硬是从成本中将利润节省出来。

控制成本的方式有许多，创新就是其中之一，哪怕企业只赚取微薄的利润，只要创新，就能找到节约的方法。特别是在原材料成本居高不下、国际经济减速、劳动力成本提高、环境成本上升等众多的困难面前，勇于创新的企业会认为面临这种困难是降低成本的机会。

最典型的是日本的汽车产业。当时，正值日本汽车企业崛起的时候，世界爆发了石油危机。飞涨的石油价格使世界的汽车产业陷入萧条之中。为了防止生活质量下降，很多人选择了放弃消费汽车。

但是，日本企业却从中看到了机会，他们在汽车节能上下大功夫，结果，低油耗成了日本汽车最强大的竞争力。直到今天，日本汽车企业依然称雄世界。

当然，通过创新用最少的成本为企业带来价值的倍增，这种利润乘数模式的创新才能最大速度地增加企业的价值。迪士尼就是这种利润乘数模式创新的最好证明。

我们知道迪士尼的知识产权米老鼠。就是这只可爱的小老鼠为迪士尼赢得了财源滚滚。秘诀就在于这只造型独特的米老鼠的成倍使用。米老鼠不只是单独十次、几十次以上使用在不同领域，而且以米老鼠及其伙伴为主题的形象也出现在包括电影、电视节目，音乐剧、巡回演出，主题公园、录像、零售店以及版权转让等多个方面。如此一来，迪士尼虽然成本没有发生多大的变化，企业最大限度地从知识产权中获取了滚滚红利。

这样的创新就是低成本获取最大利润的证明。

一位企业家曾说过，企业的生命力在于技术创新，技术创新的生命力在于资源节约、环保与高效。要建设节约型企业，创新是保障。只有持续不断地改进与创新，才能找到降低成本的新途径。如果人人都能成为创新的能手，创造出利国、利民、利企的新能源的梦想就会成为现实。

节约是企业可持续发展的动力

中华民族自古以来就有崇尚俭朴、反对奢华的传统美德。即便是贵为天子的历史人物，在他们坐稳天下后，也没有忘记勤俭节约。

在中国历史上，朱元璋是一位英明的皇帝，而且他还是一位十分节约的皇帝，不仅对部下，即使对自己的亲人也是如此。

他的故乡凤阳，流传着四菜一汤的歌谣："皇帝请客，四菜一汤，萝卜韭菜，着实甜香；小葱豆腐，意义深长，一清二白，贪官心慌。"这首歌谣的来历是：朱元璋给皇后过生日时，只用胡萝卜、韭菜，青菜两碗，小葱豆腐汤宴请众官员。而且约法三章：今后不论谁摆宴席，只许四菜一汤，谁若违反，严惩不贷。

如果说朱元璋时代物资紧缺，生活水平有限。那么，当历史的车轮行驶到中华人民共和国成立后，当战争的硝烟熄灭后，毛泽东、周恩来等老一代无产阶级革命家都是勤俭节约的榜样。

2013年，习近平总书记在新华社《网民呼吁遏制餐饮环节"舌尖上的浪费"》材料上批示：要加大宣传引导力度，大力弘扬中华民族勤俭节约的优秀传统，大力宣传节约光荣，浪费可耻的思想观念，努力使厉行节约，反对浪费在全社会蔚然成风。

可见，勤俭节约的优良作风，不仅在革命战争岁月和新中国成立初期"一穷二白"的条件下需要坚持，在今天全面建设小康社会时期仍然需要坚持。我国人口众多，自然资源相对不足，如果铺张浪费给国家带来的损失是不可估量的。

同样，企业要在微利时代生存和发展，也需要处处讲节约，节约才能降低成本。任何一个要做大做强的企业，如果骄奢淫逸成风，享乐主义盛行，就没有发展的希望。

纵观中外历史上，那些百年长青的企业，以及实力雄厚、规模庞大的企业，都不是凭空产生的，都是把节约贯穿在企业发展的过程中，依靠所有员工一把一把汗水创造出来的，把一分一分钱节省出来的。

在2003年度《财富》全球500强中，有一个有趣的现象：以营业收入计算，丰田公司排在第8位，但以利润计算，丰田公司却排在第7位。数据显示，2003年丰田公司的利润总额远远超过美国三大汽车公司的利润总和，也比排在行业第二位的日产汽车的44.59亿美元高出一倍多。丰田公司的利润，很大一部分是由公司员工自觉节约下来的。

即便是沃尔玛这样的全球连锁集团，除非重要文件，也从来没有专用的复印纸，都是用废报告纸背面做复印纸。沃尔玛的工作记录本，也是用废报告纸裁成的。

如果你去思科总部的话，你会发现思科近乎"抠门"的节俭理念处处都在体现。

在一间办公室里，就挂着一幅从报纸上剪下的漫画。

第一幅画是，下边的人张大嘴巴问上面的人："不是已经定好出差伙食费控制在10美元之内的吗？为何会超标？"

第二幅画是，下边的人还在对上面的人发怒："早就和你说了，开车时顺手捎带一只鸽子，到旅馆后用电熨斗把毛烫掉吃下去，省点儿钱。"

这名被画者代表的是思科员工，那名愤怒者自然就象征着思科的总裁约翰·摩格里奇了。在这幅小小的漫画中思科的节约文化表露无遗。

甚至为了减少不必要的支出，思科甚至不惜"怠慢"来自远方的贵宾。一些远道来思科参观的人常常会惊奇地发现，自己的午餐简单得让人怀疑自己的眼睛——仅有三明治两片、巧克力和点心各一块，外加苹果一个。

思科公司不论任何部门都是用同一个品牌的电脑。这样做也是出于节约的考虑，因为这样能够集中采购，降低单个采购的成本。而且公司能够用一个标准的配置解决所有电脑的安装问题，否则，型号不同，日后的维护成本自然就会比较高。

思科凭着自己的"抠门"，抠出了不可低估的利润。仅在2003年，思